现代职业教育汽车类专业系列教材

汽车概论

主 编　曹 彬　卜珍波

副主编　零允镗

参 编　杨雪松　杨文燕　池亚能

机械工业出版社

本书共六个项目，内容包括汽车的诞生与发展、汽车前后市场、汽车结构的认知、节能与新能源汽车结构的认知、智能网联汽车技术、汽车维护基础。

本书彩色印刷，用形象生动的文字和清晰的图片诠释了汽车发展史，汽车竞赛，汽车公司及车标，汽车选购、上牌、保险，汽车基本结构，节能与新能源汽车结构，智能网联汽车，汽车常用工量具，汽车油液，汽车日常维护等知识。

本书可作为职业院校汽车类相关专业的教材，也可供汽车爱好者、汽车相关专业技术人员及管理人员参考。

为方便教学，本书配有电子课件等教学资源，凡选用本书作为授课教材的教师均可登录 www.cmpedu.com，注册后免费下载，也可向责任编辑咨询，电话：010-88379201。

图书在版编目（CIP）数据

汽车概论/曹彬，卜珍波主编 . —北京：机械工业出版社，2019.8（2024.6重印）
现代职业教育汽车类专业系列教材
ISBN 978-7-111-62635-0

Ⅰ.①汽… Ⅱ.①曹…②卜… Ⅲ.①汽车–职业教育–教材 Ⅳ.①U46

中国版本图书馆 CIP 数据核字（2019）第 082297 号

机械工业出版社（北京市百万庄大街 22 号 邮政编码 100037）
策划编辑：师 哲 责任编辑：师 哲
责任校对：张 力 封面设计：张 静
责任印制：单爱军
北京虎彩文化传播有限公司印刷
2024 年 6 月第 1 版第 7 次印刷
184mm×260mm · 10.5 印张 · 240 千字
标准书号：ISBN 978-7-111-62635-0
定价：39.80 元

电话服务   网络服务
客服电话：010-88361066   机 工 官 网：www.cmpbook.com
　　　　　010-88379833   机 工 官 博：weibo.com/cmp1952
　　　　　010-68326294   金 书 网：www.golden-book.com
封底无防伪标均为盗版   机工教育服务网：www.cmpedu.com

preface

近年来，随着汽车行业的飞速发展，汽车新技术和新结构不断涌现，对汽车相关从业人员的知识与技能提出了更高、更新的要求。同时，汽车相关专业的教学理念、教学模式以及广大学生和汽车爱好者对汽车知识的追求也发生了变化。为适应市场对汽车类人才的需求变化，满足企业的用人需求，规划出版了本书。

本书结合职业院校学生的实际情况和特点，立足"实用、适用"的编写原则和"通俗、生动"的编写风格而编写。全书配有大量的图片，为求做到语言简洁、生动，脉络清晰，版式新颖。

本书共有汽车的诞生与发展、汽车前后市场、汽车结构的认知、节能与新能源汽车结构的认知、智能网联汽车技术、汽车维护基础六个项目。通过对汽车发展史、汽车竞赛、汽车公司及车标、汽车选购、汽车保险、汽车上牌、汽车基本概念、汽车基本结构认知、节能与新能源汽车结构认知、汽车常用工量具、汽车油液、汽车日常维护等方面知识的介绍，培养学生对汽车的兴趣和爱好；使学生掌握汽车的基本构造；了解汽车常用工量具及汽车日常维护项目。

本书由曹彬、卜珍波任主编，零允镗任副主编，王中磊主审。参编人员有杨雪松、杨文燕、池亚能。

在编写本书过程中，对众多汽车相关企业进行了调研，得到了吉利汽车贵阳制造基地、汽车4S店和汽车维修厂等企业专家的大力支持，在此一并表示衷心的感谢。另外，本书在编写过程中参考了大量的文献资料，在此向文献资料的作者致以诚挚的谢意。

由于编者水平有限，书中疏漏和不妥之处在所难免，欢迎读者提出宝贵意见。

编 者

contents 目 录

项目一
汽车的诞生与发展

1

项目描述

　　通过对本项目的学习，学生能够清楚地了解汽车动力源的诞生和转变、汽车真正意义上的诞生以及汽车发展的历程；了解汽车发展的历史文化知识；清楚各个时期出现的、对汽车发展有促进作用的文人巨匠。

任务一　汽车的诞生

任务目标

1. 了解蒸汽机的发展历程。
2. 了解内燃机的发展历程。
3. 熟悉汽车动力技术发展的各大事件。

知识课堂

一、蒸汽机时代

世界上第一台蒸汽机是 1 世纪发明的汽转球，也是蒸汽机的雏形，如图 1-1 所示。直至 16 世纪 90 年代托马斯·塞维利根据希罗的发明制造出了蒸汽机。

1712 年，英国人汤姆斯·纽科门对蒸汽机进行了改进，制造出比较实用的蒸汽机，每分钟能够往复运动 16 次，每往返一次可将 45.5L 的水提升至 46.6m，很适合用于煤矿抽水工作，如图 1-2 所示。

图 1-1　汽转球

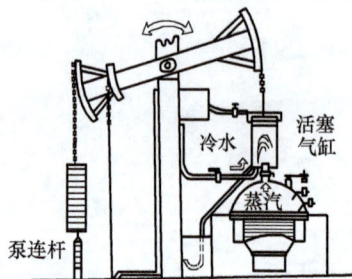

图 1-2　纽科门蒸汽机工作原理图

1765 年，瓦特对蒸汽机原始雏形做了一系列的重大改进，发明了单缸单动式蒸汽机和单缸双动式蒸汽机，如图 1-3 所示。

1769 年，尼古拉斯·居纽把蒸汽锅炉搬到了三轮车上，制造出了世界上第一辆蒸汽驱动的三轮车。图 1-4 所示为早期由蒸汽驱动的三轮车。

1801 年，理查德·德里维斯克将锅炉制作成管状，使得蒸汽的压力大大提高，也成就了第一台正

图 1-3　瓦特改良的蒸汽机模型

式的蒸汽机车，如图 1-5 所示。

图 1-4　早期的蒸汽三轮车

图 1-5　第一台正式的蒸汽机车

二、内燃机时代

从 19 世纪 60 年代开始到现在，内燃机经历了 3 个发展阶段（煤气机、汽油机、柴油机）。

1859 年，法国发明家勒努瓦发明了世界上第一台实用的内燃机。

1876 年，德国著名机械工程师尼古拉斯·奥托按等容四冲程循环的原理制成了第一台四冲程煤气机，如图 1-6 所示。

图 1-6　奥托及其制成的煤气机

1883 年，德国人戈特利布·戴姆勒成功研制出汽油发动机。1886 年，卡尔·本茨成功将汽油发动机安装在一辆三轮车上，如图 1-7 所示。同年 1 月 29 日，卡尔·本茨获得第一辆汽车的专利权，如图 1-8 所示。卡尔·本茨发明的第一辆汽车，至今还完好地保存

图 1-7　卡尔·本茨及其发明

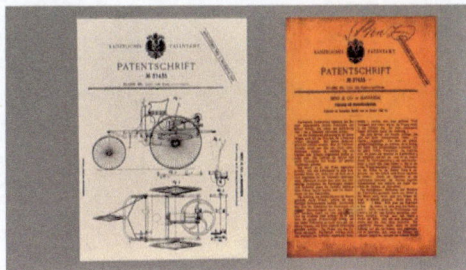

图 1-8　第一辆汽车的专利凭证

在德国慕尼黑博物馆中，为此，卡尔·本茨被世界公认为"汽车之父"。

继卡尔·本茨后，戈特利布·戴姆勒也将汽油发动机安装在自行车和四轮车上，于是诞生了第一辆三轮汽车、第一辆摩托车和第一辆四轮汽车，如图1-9所示。

图1-9　戴姆勒及其发明的摩托车

1898年鲁道夫·狄塞尔提出有别于奥拓循环的新式内燃机理论，并研制出以柴油作为燃料的压燃式内燃机，这也意味着第一台柴油机就此产生。

课堂问答

根据知识课堂的内容完成下列各项任务。

1）瓦特对当时的蒸汽机进行一系列改造，发明了＿＿＿＿＿＿和＿＿＿＿＿＿。

2）内燃机经历了＿＿＿＿＿＿、＿＿＿＿＿＿和＿＿＿＿＿＿三个阶段。

3）第一辆汽车是＿＿＿＿＿＿（国家）的＿＿＿＿＿＿发明的。

4）简述蒸汽机及内燃机对社会生活的影响。

课堂互动

1. 小组评价（见表1-1，50分）

表1-1　小组评价表

考核项目	考核内容	评分标准	配分	扣分	得分
蒸汽机时代	1. 时代始末时间 2. 该时代的标志性事件 3. 机器用途	根据情况酌情扣分	20分		
内燃机时代	1. 时代始末时间 2. 该时代的标志性事件 3. 该时代标志性任务 4. 机器用途	根据情况酌情扣分	30分		

2. 教师总体评价（50分）

任务二　汽车造型的演变

任务目标

1. 熟悉汽车车身造型。
2. 熟悉汽车造型演变过程。

知识课堂

汽车发明至今，汽车车身造型已经越来越丰富，如跑车的车身、SUV 的车身、普通轿车的车身等各自都有其独特的形态结构，其结构代表着不同时代对汽车的需求。

马车是人类最早使用的交通运输工具，如图 1-10 所示，是早期欧洲最为人们所熟悉的马车。所以最初的汽车车身都是以马车的形态特征来生产研发，如图 1-11 所示。

图 1-10　欧式马车

图 1-11　早期马车形汽车

20 世纪二三十年代，人们看到轮船上的货物集装箱，就把马车形汽车的车身进行了改进，形成了之后的箱形汽车，如图 1-12 所示。

20 世纪 40 年代至今，人类在物理学方面的研究得到了很好的发展，物理学知识也渗透到了现代工业的各个领域。由于箱形汽车从外面看来就像一个大箱子，而且运动起来很不符合空气动力学的标准，所以人们再次把汽车车身的造型重新修整，于是就有了现在的船形、鱼形和楔形汽车。

船形汽车造型的设计理念来自于轮船，其外观造型是应用人体工程学来设计，为的是创造更为舒适、宽敞的乘坐空间，如图1-13所示。最早的船形汽车是1949年福特汽车公司生产的V8汽车，之后大多数汽车生产商开始生产船形汽车，如奥迪100C轿车、红旗轿车等。

鱼形汽车是因斜背式汽车的背部像鱼的脊背而得名。如图1-14所示，最早的鱼形汽车是1952年美国生产的别克鱼形小客车，而后1964年美国的克莱斯勒顺风汽车和1965年福特野马汽车都采用鱼形车身造型。

图1-12　箱形汽车

图1-13　1959年奔驰220SE船形汽车

楔形汽车是空气动力学在汽车上的一个很好的体现，它很大程度上解决了鱼形汽车自身的升力问题，而且楔形汽车极具现代感和速度感，深受现代人的欢迎。1963年，斯蒂贝克·阿本提设计了第一辆楔形汽车，这种车型被汽车外形专家给予极高的评价。1968年，奥兹莫比尔·托罗纳多对楔形汽车外形进行改进与发展。由于楔形汽车的外形很符合流体力学理念，所以楔形多为跑车和高级轿车的车身外形结构，如图1-15所示。

图1-14　1952年别克鱼形小客车

图1-15　楔形汽车

课堂问答

根据知识课堂的内容完成下列各项任务。

1）汽车外观造型经历了＿＿＿＿＿＿、＿＿＿＿＿＿、＿＿＿＿＿＿、＿＿＿＿＿＿和马车形等形态。

2）＿＿＿＿＿＿汽车设计理念由货船上的集装箱得来。

3）通过网上查找资料，写出下列车型汽车的外观造型。

大众甲壳虫＿＿＿＿＿＿＿＿＿　　　丰田卡罗拉＿＿＿＿＿＿＿＿

保时捷 911 ＿＿＿＿＿＿＿＿＿　　红旗 L5 ＿＿＿＿＿＿＿＿

Mini ＿＿＿＿＿＿＿＿＿　　　　雪佛兰科鲁兹＿＿＿＿＿＿＿＿

课堂互动

1. 小组评价（见表 1-2，50 分）

表 1-2　小组评价表

考核项目	考核内容	评分标准	配分	扣分	得分
汽车造型类别	判断汽车所属的造型类别	根据情况酌情扣分	10分		
汽车造型出现年代	叙述各个汽车造型的产生年代	根据情况酌情扣分	10分		
汽车造型查询	叙述出采用各个汽车造型的车名、车型	根据情况酌情扣分	30分		

2. 教师总体评价（50 分）

任务三　汽车技术的发展

任务目标

1. 熟悉汽车技术的种类。
2. 熟悉汽车技术的发展历程。

知识课堂

一、汽车技术的分类

自卡尔·本茨和戈特利布·戴姆勒发明第一辆汽车以来，世界各地的汽车爱好者们以及各大汽车生产厂商为汽车发动机、底盘、车身、信息通信等方面做出了巨大的贡献，以至于汽车有了现在这样平顺的动力系统、舒适的乘坐空间等。

1. 发动机技术

目前，发动机技术有可变气门正时技术、涡轮增压技术、燃油分层直喷技术、发动机起停技术等。

（1）VVT（Variable Valve Timing）——可变气门正时技术　常见的类型有 VVT-i、VTEC、CVVT 等。例如 VVT-i 是丰田公司的智能可变气门正时，如图 1-16 所示，可在所有速度范围内提高转矩，从而改善了燃油经济性。

> **小知识**
>
> 代表车型有卡罗拉、凯美瑞、锐志等。

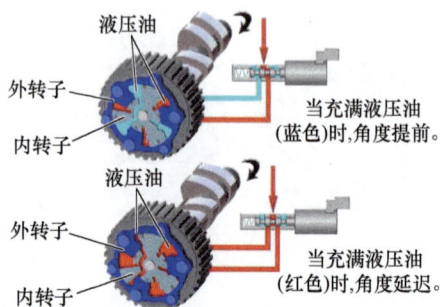

图 1-16　具有智能可变气门正时的发动机及其工作示意图

（2）涡轮增压技术（Turbo）　一种提高发动机进气能力的技术，常见的有废气涡轮增压技术和机械涡轮增压技术，如图 1-17 所示。通常，在汽车尾部看到 Turbo 或者 T，指的是该车辆的发动机是涡轮增压发动机。

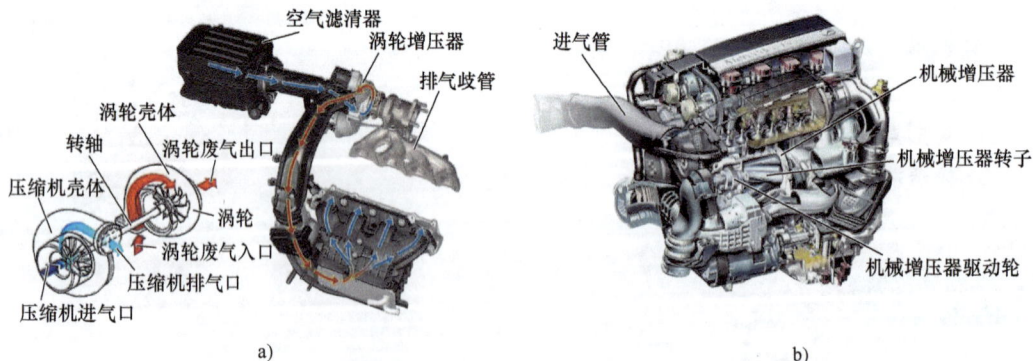

图 1-17　废气涡轮增压示意图与机械涡轮增压结构图
a）涡轮增压空气流动示意图　b）机械增压发动机构造图

代表车型有奥迪 A6 2.0T、帕萨特 1.8T 等，如图 1-18 所示。

图 1-18　奥迪 A6 尾部标识

（3）FSI（Fuel Stratified Injection）——燃油分层直喷技术　是基于缸内直喷发动机的一种技术，如图 1-19 所示。

代表车型有新高尔夫、迈腾、斯柯达明锐等。

（4）发动机起停技术　在车辆行驶过程中临时停车（例如等红灯）的时候，发动机会自动熄火，当需要继续前进的时候，系统自动重启发动机的一套系统。发动机起停技术能够有效地达到节油减排效果，所以现在大多数配备自动变速器的车都装备该系统，如图 1-20 所示。

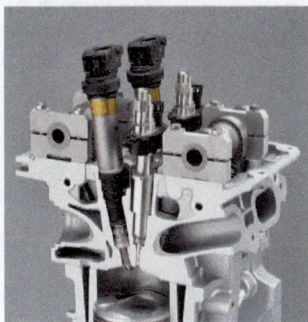

图 1-19　燃油分层直喷发动机解剖图

图 1-20　起停按键开关

代表车型有本田思域、凯迪拉克 ATS-L、马自达 CX-5 等。

项目一　汽车的诞生与发展

2. 底盘技术

目前，底盘技术有可变悬架、ESP、TPMS、牵引力控制等技术。

（1）可变悬架　是指可以手动或车辆自动地改变悬架的高低或减振器的刚度来适应不同路面的行驶需求，以保证车辆的舒适性和通过性，如图1-21所示。

图1-21　可变空气悬架

> 📚 小知识
>
> 代表车型有奥迪A6L的空气悬架、凯迪拉克ATS-L的电磁感应悬架、雷克萨斯LX570的液压悬架等。

（2）ESP（Electronic Stability Program）——电子稳定控制系统　也可称作ESC或VSC。ESP主要是在紧急情况下对车辆的行驶状态进行主动干预，它整合了ABS（防抱死制动系统）和TCS（牵引力控制系统）的功能，并且增加了横摆转矩控制及防侧滑功能，可以防止车辆在高速行驶转弯或制动过程中失控，如图1-22所示。

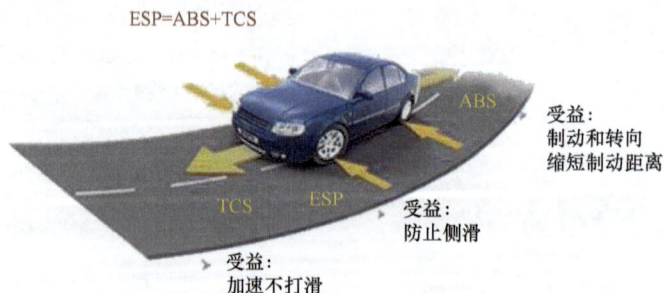

ESP=ABS+TCS

受益：制动和转向　缩短制动距离

受益：防止侧滑

受益：加速不打滑

图1-22　电子稳定系统

（3）TPMS（Tire Pressure Monitoring System）——轮胎压力监测系统　其作用是在汽车行驶过程中对轮胎气压进行实时自动监测，并对轮胎漏气和低气压进行报警，以确保行车安全，如图1-23和图1-24所示。

图 1-23　带监测传感器的轮胎

图 1-24　胎压异常指示灯

3. 车身技术

目前，车身技术有激光焊接技术、AFS、ADB 等。

（1）激光焊接技术　利用激光技术焊接的车身产品，可降低车身重量、提高车身的装配精度和车身刚度，从而提高车身的安全性，如图 1-25 所示。

图 1-25　激光焊接车身

（2）AFS（Adaptive Front- lighting System）——自适应前照灯系统　是使近光灯光轴在水平方向上与转向盘转角联动进行左右转动，在垂直方向上与车高联动进行上下摆动的灯光随动系统，可让驾驶人在转向时提前观察到车辆所转方向前方的障碍物，从而提高行车的安全性，如图 1-26 所示。

正常行驶
加速行驶
减速行驶
虚线表示无动态调光的光照角度
a)
b)

图 1-26　自适应前照灯系统
a）上下调节功能　b）左右调节功能

（3）ADB（Adaptive Driving Beam）——智能远光灯系统　可以有效地避免传统灯光系统所带来的行车炫目隐患，如图1-27所示。

二、节能与新能源技术

1. 混合动力电动汽车

混合动力电动汽车（Hybrid Electric Vehicle，HEV）是指车辆驱动系统由两个或多个能同时运转的单个驱动系统联合组成的车辆，车辆的行驶功率依据实际的车辆行驶状态由单个驱动系统单独或共同提供。

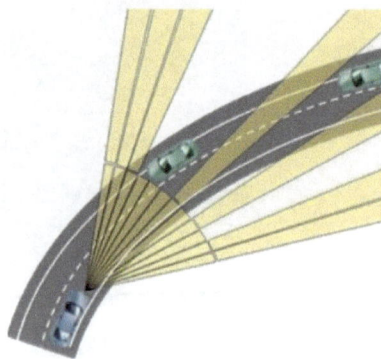

图1-27　智能远光灯系统原理示意图

小知识

代表车型：宝马740Le xDrive（图1-28）、特斯拉Model S、丰田普锐斯等。

图1-28　宝马740Le xDrive

2. 纯电动汽车

纯电动汽车（Battery Electric Vehicle，BEV），驱动能量完全由电能提供的、由电机驱动的汽车。

小知识

代表车型有比亚迪秦EV300、吉利·帝豪EV、特斯拉Model S，如图1-29所示。

图1-29　比亚迪秦EV300

3. 燃料电池电动汽车

燃料电池电动汽车是以燃料电池系统作为单一动力源或者是以燃料电池系统与可充电储能系统作为混合动力源的电动汽车，如图 1-30 所示。

4. 太阳能汽车

太阳能汽车利用太阳能电池把光能转化成电能，电能储存在蓄电池中，用来驱动汽车的电机。由于太阳能汽车不用燃烧化石燃料，所以不会放出有害物。图 1-31 所示为太阳能汽车。

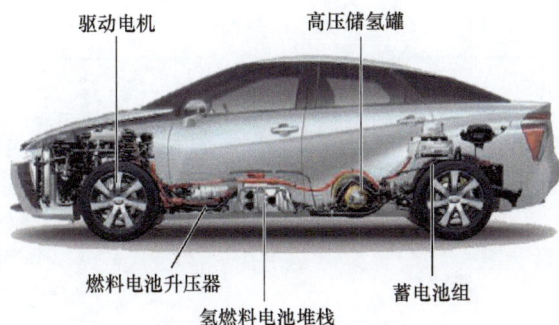

驱动电机　　　高压储氢罐

燃料电池升压器　　蓄电池组
氢燃料电池堆栈

图 1-30　燃料电池电动汽车　　　　　图 1-31　太阳能汽车

课堂问答

根据知识课堂的内容完成下列各项任务。

1）汽车上所包含的汽车技术主要有＿＿＿＿、＿＿＿＿、＿＿＿＿和＿＿＿＿。

2）目前汽车上使用的能源大多数为＿＿＿＿和＿＿＿＿。而现有的最为清洁的可再生能源是＿＿＿＿。

3）在汽车电子控制技术中，＿＿＿＿对汽车的舒适性、安全性保障最为突出。

4）汽车车身电子控制技术是对＿＿＿＿的控制。

课堂互动

1. 小组评价（见表 1-3，50 分）

表 1-3　小组评价表

考核项目	考核内容	评分标准	配分	扣分	得分
汽车技术类别	叙述汽车技术的种类	根据情况酌情扣分	10 分		
发动机	发动机技术的意义 发动机技术的种类	根据情况酌情扣分	10 分		

（续）

考核项目	考核内容	评分标准	配分	扣分	得分
底盘	底盘技术的意义 底盘技术的种类	根据情况酌情扣分	10分		
车身	车身技术的意义 车身技术的种类	根据情况酌情扣分	10分		
节能与新能源技术	叙述节能与新能源汽车的类型	根据情况酌情扣分	10分		

2. 教师总体评价（50 分）

任务四　汽车竞赛

任务目标

1. 了解汽车竞赛类别。
2. 了解汽车竞赛的意义。
3. 了解汽车各竞赛的相关事务。

知识课堂

一、汽车竞赛

汽车竞赛即为汽车运动，指的是汽车在封闭场地、道路或者野外比赛速度、驾驶技术及汽车性能的一种运动项目。

按照比赛场地和路面不同，汽车竞赛可分为赛车场内的场地赛，封闭某段街区公路的街道赛，山区柏油路面和沙石路、雪地、沙漠等地段的拉力赛，泥地、山地、丛林等地段的越野赛等。

按照车型的不同，汽车竞赛可分为轿车、越野车、皮卡、货车、老爷车等原厂车型的赛事，还有特制车辆的赛事，比如各种级别的方程式赛车、美国的印第赛车（印第安纳波利斯 500 英里大赛用车，外形酷似 F1，但右边轮胎比左边的直径大）、NASCAR（全美改装车协会）赛车、CART（冠军车手杯）赛车、卡丁车以及耐力赛车等。

按照比赛的方式又可分为在同一赛车场内行驶相同圈数（即里程相同），比用时多少的计时赛，还有在同一赛车场内同一时间里比行驶里程长短的耐力赛。

二、各大汽车竞赛简介

1. 方程式汽车赛

方程式汽车赛是汽车场地比赛的一种。赛车必须依照国际汽车联合会制定颁发的车辆技术规则规定的程式制造，包括车体结构、长度和宽度、最低重量、发动机工作容积、气缸数量、油箱容量、电子设备、轮胎的距离和大小等。

各级方程式赛车的制造程式不同。属于方程式汽车比赛的项目有 F1（图 1-32）、F3000、F3、亚洲方程式、宝马方程式、福特方程式、雷诺方程式、卡丁车方程式等。

2. 耐久赛（Grand Touring Car）

耐久赛也称"GT 赛"，汽车场地比赛的一种，为长时间耐久性汽车比赛。比赛车辆分旅行车和运动原型车两类，并根据发动机的工作容积分为若干级别。比赛中每车可设 2 ~ 3 名驾驶人，轮流驾驶。

每年国际汽车耐久系列赛分为 11 站，在世界各地举行。比赛一般进行 8 ~ 12h，以完成圈数的多少评定成绩。较著名的比赛有：法国勒芒（Le Mans）24 小时耐久赛、日本铃鹿 8 小时耐久赛。图 1-33 为曾一度称霸勒芒的奥迪 R9。

图 1-32　F1 赛车

图 1-33　奥迪 R9

3. 拉力赛（Rally）

拉力赛也称"多日赛"，汽车道路比赛项目之一，在有路基的土路、沙砾路或柏油路上进行。

拉力赛必须使用在国际汽联注册、年产量超过 5000 辆的标准 4 座小客车和旅行车，并按比赛规则改装。发动机最大输出功率不准超过 220.5kW（米制）。

国际汽车拉力赛每年设有世界拉力锦标赛（14 站）、达喀尔拉力赛、欧洲拉力锦标赛（11 站，难度系数分 20/10/5/2）、亚洲拉力锦标赛（6 站）、非洲拉力锦标赛（5 站）、中东拉力锦标赛（6站）等众多大型赛事，如图1-34所示。

图 1-34　拉力赛

4. 越野赛（Rallycross）

越野赛是汽车道路比赛项目之一，是指驾驶车辆在野外进行竞速比赛，场地多为丘陵、山地、沙漠等自然环境，有汽车类、摩托车类、自行车类等，如图1-35所示。经过几个国家的领土、总长度超过10，000km或跨洲的比赛称马拉松越野赛。除国际汽联特别批准外，越野赛的赛程不得超过15天，比赛必须在白天进行，采用单车发车方式，比赛每经过10个阶段后至少休息18h。

图 1-35　越野赛

每阶段的行驶距离自定，但每个赛段的最大长度，越野赛规定不超过350km，马拉松越野赛规定不超过800km，必须使用在国际汽联注册的全轮驱动汽车参赛。

1996年国际汽联首次对越野赛实行世界杯赛制，其中较著名的比赛有突尼斯国际汽车赛、巴黎至莫斯科至北京马拉松汽车越野赛、阿拉伯联合酋长国沙漠挑战赛（图1-36）等。

5. 直线竞速赛（Drag Racing）

比赛按不同车型及发动机工作容积分为12～14个级别，在两条并列长1500m、各宽15m的直线柏油跑道上进行，实际比赛距离为1/4mile或1/8mile。

比赛时每2辆车为1组，实行淘汰制，分多轮进行，直至决出冠军。采用定点发车方法，加速行进，通过电子仪器测量从发车线到终点线的行驶时间评定成绩，如图1-37所示。

图 1-36　阿拉伯联合酋长国沙漠挑战赛

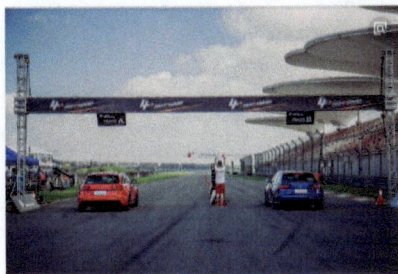

图 1-37　直线竞速赛

课堂问答

根据知识课堂的内容完成下列各项任务。

1）网上查找资料，写出分别由不同种类汽车进行比赛的汽车竞赛赛事。

2）汽车竞赛中，耐久赛一般配备的人数是＿＿＿＿＿＿＿。

3）汽车竞赛按赛事的场地分为＿＿＿＿＿＿＿、＿＿＿＿＿＿＿、＿＿＿＿＿＿＿

和＿＿＿＿＿＿＿。

课堂互动

1. 小组评价（见表 1-4，50 分）

表 1-4　小组评价表

考核项目	考核内容	评分标准	配分	扣分	得分
汽车竞赛种类	叙述汽车竞赛分类方式和类别	根据情况酌情扣分	10 分		
赛事叙述	叙述一个熟悉的赛事（包括场地、形式、代表车手等）	某项未做不给分，操作方法不当扣 2 分	30 分		
竞赛意义	阐述汽车竞赛意义	根据情况酌情扣分	10 分		

2. 教师总体评价（50 分）

项目一　汽车的诞生与发展

任务五　著名汽车公司及车标

任务目标

1. 了解国内外的著名汽车公司。
2. 熟悉著名汽车公司的品牌车标。
3. 了解各汽车公司的主打车系。

知识课堂

一、德国著名汽车公司及其车标

德国是汽车的发源地，其汽车生产厂家非常多，著名的有奔驰、宝马、大众、奥迪等老牌品牌，也有欧宝、保时捷等新兴品牌。

1. 奔驰

德国汽车知名品牌，也是世界上最为成功的高档汽车品牌之一，以生产高品质、高性能的豪华汽车闻名。公司由被誉为"汽车之父"的卡尔·本茨和戈特利布·戴姆勒于1926 年创建，总部设立在德国的斯图加特。其前身是卡尔·本茨在 1883 年创建的奔驰汽车厂。1926 年 6 月，奔驰汽车厂与戴姆勒汽车公司（1890 年创建）合并成一家公司，即为戴姆勒—奔驰公司。1899 年 3 月，担任奥地利驻匈牙利总领事和戴姆勒公司管理委员会委员的艾米·耶里耐克驾驶以女儿名字"梅赛德斯"命名的汽车在"尼斯之旅"汽车大赛中夺魁后，建议戴姆勒公司今后生产的汽车以"梅赛德斯"来命名，这个意见被戴姆勒采纳了，从此奔驰公司所生产的汽车都命名为"梅赛德斯—奔驰"（Mercedes- Benz）。图 1-38 为奔驰汽车车标的演变过程。

自 1909 年开始，奔驰汽车采用的车标为戴姆勒勾勒的三叉星，如图 1-39 所示，其意蕴为一颗吉祥星。而到 1926 年后，在原有的基础上开始添加了"Mercedes"（有温文尔雅、幸运之意），意指坐上奔驰汽车的人会得到幸福。

1909年

1909年

1926年

1933年

图 1-38　奔驰汽车车标

图 1-39　奔驰汽车
现在车标

戴姆勒—奔驰公司旗下品牌有：梅赛德斯—奔驰、迈巴赫、smart、AMG。

奔驰车系：

A 级	小型轿车	G	越野车	GLK	中型 SUV
B 级	紧凑型旅行轿车	E	行政级轿车	GL	豪华型 SUV
C 级	中型车	R	豪华型 MPV	M	中大型 SUV
CL/CLS	轿跑	CLA	紧凑型四门轿跑	SL	中型跑车
SLK	紧凑型跑车	AMG	高性能车		

2. 大众（Volkswagen）

大众汽车公司是欧洲最大的汽车公司，也是世界汽车行业中最具实力的跨国公司之一。大众汽车集团成立于 1938 年，总部坐落于德国的沃尔斯夫堡。大众汽车车标使用英文字母 V 和 W 组成，如图 1-40 所示。在德文中，"Volks"是国民的意思，"wagen"是汽车的意思，全名为国民的汽车。

| 1937年 | 1939年 | 1948年 | 1978年 | 1995年 | NOW |

图 1-40　大众汽车车标

大众汽车公司生产汽车的理念为"造普通大众买得起的汽车，以安全、优质、节能、环保的产品，满足客户需求，提高消费者的生活品质"。

大众公司旗下品牌有：宾利、奥迪、布加迪、兰博基尼、斯柯达、保时捷等。

3. 宝马（BMW）

宝马汽车公司全称为巴戈利亚机械制造厂，是德国一家世界知名高档汽车和摩托车的制造厂家，其前身是德国一家制造飞机引擎的公司，1917 年 7 月由吉斯坦·奥托开始对公司进行重组，成立了现在的宝马汽车公司，总部设在德国慕尼黑。宝马汽车公司以制造高档品牌汽车而闻名，其旗下品牌占据着从小型轿车到顶级豪华轿车各个市场的高端位置。

宝马汽车的车标中间有着蓝白相间图案，如图 1-41

图 1-41　宝马汽车车标

所示，其代表着蓝天、白云和旋转不停的螺旋桨，喻示宝马汽车公司悠久的历史，象征该公司过去在航空发动机技术方面的领先地位，又象征公司一贯宗旨和目标：在广阔的时空中，以先进的精湛技术、最新的观念，满足顾客的最大愿望，反映了公司蓬勃向上的气势和日新月异的新面貌。

📚 **小知识**

宝马旗下品牌有：宝马、mini、劳斯莱斯

宝马车系：

1 系	家用小型车	3 系	中小型高级轿车	5 系	中大型高级轿车
6 系	高级双门轿跑车	7 系	大型顶级豪华车	M 系	高性能车
Z 系	时尚跑车	X	豪华 SUV	i	概念车

4. 奥迪

奥迪是一家国际著名豪华汽车品牌，其生产的奥迪车系以高技术水平、高质量标准和果敢独特的创新能力著称。奥迪公司的创始人是奥古斯特·霍希，1932 年公司由霍希（Horch）、奥迪（Audi）、小奇迹（DKW）和漫游者（Wanderer）四家公司在萨克森州国家银行的主导下合并而成的"汽车联盟股份公司"，如图 1-42 所示。1985 年，汽车联盟股份公司正式改名为奥迪股份公司，即为现在的奥迪公司，其总部设立在德国英戈尔施塔特。

奥迪汽车车标由四个相互联结且紧紧相扣的圆环组成，代表着奥迪公司由四家公司合并而成，也代表着四家公司的密切关系，如图 1-43 所示。

图 1-42　奥迪汽车车标各环所代表的公司

图 1-43　奥迪汽车车标

📚 **小知识**

奥迪车系：A3、A4、A6、A8、敞篷车及运动型车系等。

二、法国著名汽车公司及其车标

1. 雷诺

雷诺汽车公司是一家历史悠久的汽车生产厂家，也是世界上十大汽车制造商之一。雷诺汽车公司是路易斯·雷诺（Louis Renault）于 1898 年创立，并以其本人的名字而命名。1945 年，雷诺公司被法国政府收归国有，至今成了法国最大的国有企业，主营汽车制造与销售，现总部设立在法国布洛涅—比扬古。雷诺汽车公司生产的汽车种类有小型车、中型车、休闲旅游车和大型车（包括货车、巴士和工程用车）等。

雷诺汽车车标由 4 个菱形图案拼凑而成，如图 1-44 所示，菱形图案象征雷诺三兄弟与汽车行业融为一体，表示"雷诺"能够在无限的（四维）空间中竞争、生存、发展。

> **小知识**
>
> 雷诺主要品牌有：梅甘娜、克丽欧、拉古那、丽人行、太空车等。

2. 标致

标致是法国 PSA 集团（标致雪铁龙集团）的子公司——标致汽车公司旗下的汽车品牌，是欧洲老牌的汽车生产企业，也是欧洲第三大汽车公司。标致汽车公司是阿尔芒·标致于 1890 年创立，其总部设立在法国巴黎，主要生产的汽车为中端汽车，而在汽车时代来临之前，标致自行车、摩托车和运输车辆的生产规模一度相当庞大，是欧洲四大摩托车制造商之一。标致汽车公司制造汽车理念为"品味成功、品味生活"，生产出来的汽车集卓越、魅力和情感于一身，行驶在世界的每个角落。我国的东风标致是 2002 年与法国 PSA 集团合资而产生的品牌。

标致汽车车标是一头站立着怒吼的狮子，如图 1-45 所示。原狮子能够代表标致锯条的三种品质：锯齿经久耐用——像狮子的牙齿一样；锯条柔韧不易折断——像狮子的脊柱；切割的速度——像腾跃的狮子一样迅捷。现狮子标致用于所有的标致汽车，彰显灵活、力量、秀美。

图 1-44　雷诺汽车车标

图 1-45　标致汽车车标

三、美国著名汽车公司及其车标

美国的通用汽车公司、福特汽车公司、克莱斯勒汽车公司都是世界著名汽车制造公司。

1. 通用汽车公司

通用汽车公司是世界上最大的汽车公司，年工业总产值达 1000 多亿美元。其标志 GM 取自其英文名称（General Motro Corporation）的前两个单词的第一个字母，如图 1-46 所

图 1-46　通用标志

示。它是由威廉·杜兰特于1908年9月在别克汽车公司的基础上发展起来的，成立于美国的汽车城底特律。现总部仍设在底特律。

📚 **小知识**

通用汽车公司生产的汽车，典型地表现了美国汽车豪华、宽大、内部舒适、速度快、储备功率大等特点，而且通用汽车公司尤其重视质量和新技术的应用。因而通用汽车公司的产品始终在用户心中享有盛誉。

通用汽车公司与菲亚特、铃木、五十铃、富士重工汽车公司结成合作伙伴关系。

通用汽车公司的著名品牌有：雪佛兰、别克（图1-47）、悍马、庞蒂克、凯迪拉克（图1-48）、欧宝、萨博、土星Saturn、大宇、奥兹莫比尔、霍顿、沃克斯豪尔等。

图1-47　别克汽车车标　　　图1-48　凯迪拉克汽车车标

2. 福特汽车公司

1903年6月16日，亨利·福特创建了福特（FORD）汽车公司，总部设在底特律市。在美国有福特部和林肯部等。

1908年，他推出了经济的福特T型车，1913年，创造了用流水线装配汽车的方式，促进了汽车在美国和世界的普及，是世界汽车工业史上具有划时代意义的伟大创举。福特T型车生产了20年，共生产了1500多万辆。福特被誉为"汽车大王"。

福特汽车的车标（图1-49）采用福特英文"Ford"字样，蓝底白字。由于创建人亨利·福特喜欢小动物，所以车标设计者把福特的英文"Ford"画成形似一只活泼可爱、充满活力、美观大方的小白兔形象。犹如在温馨的大自然中，一只活泼的小白兔矫健潇洒地飞奔世界各地。

福特品牌下车系有福克斯、福睿斯、蒙迪欧（图1-50）、翼博和翼虎等。

图1-49　福特汽车车标　　　图1-50　福特蒙迪欧汽车

四、日市著名汽车公司及其车标

1. 丰田

丰田汽车公司是一家总部设在日本爱知县丰田市和东京都文京区的汽车工业制造公司，隶属于日本三井财阀。丰田汽车公司自 2008 年始逐渐取代通用汽车公司而成为全世界排行第一位的汽车生产厂商，旗下品牌主要包括雷克萨斯、丰田等系列车型。

丰田汽车车标由 3 个椭圆组成，如图 1-51 所示。该标志从 1990 年初开始使用，标志中的大椭圆代表地球，中间由两个椭圆垂直组合成一个 T 字，代表丰田汽车公司。它象征丰田汽车公司立足于未来，对未来的信心和雄心，还象征着丰田汽车公司立足于顾客，对顾客的保证，也象征着用户的心和汽车厂家的心是连在一起的，具有相互信赖感，同时喻示着丰田的高超技术和革新潜力。

图 1-51　丰田汽车车标

2. 本田

本田株式会社是世界上最大的摩托车生产厂家，汽车产量和规模也名列世界十大汽车厂家之列。1948 年创立，创始人是传奇式人物本田宗一郎，公司总部在东京。现在，本田汽车公司已是一个跨国汽车、摩托车生产销售集团。它的产品除汽车、摩托车外，还有发电机、农机等动力机械产品。

本田汽车车标是三弦音箱式商标，也就是带框的"H"，如图 1-52 所示。图案中的 H 是"本田"拼音 Honda 的第一个字母。这个标志体现出技术创新，职工完美和经营坚实的特点。

图 1-52　本田汽车车标

3. 铃木

铃木公司成立于 1920 年，1952 年开始生产摩托车，1955 年开始生产汽车。铃木汽车公司（SUZUKI）成立于 1954 年，以生产微型汽车为主。现在隶属于丰田集团，同时通用持有铃木 10% 的股权。铃木汽车公司是最早与中国汽车公司合作成功的。

铃木汽车车标是英文字母图案"S"，是"SUZUKI"的第一个大写字母，它给人以无穷力量的感觉，象征无限发展的铃木汽车公司，如图 1-53 所示。

五、意大利著名汽车公司及其车标

在汽车行业中，意大利车系深受世界人民的喜爱，其中有菲亚特、法拉利、玛萨拉蒂等著名汽车品牌。意大利享有"跑车之都"的荣誉称号，意大利人把汽车制造得更加美观、具有线条感，让汽车成为飞驰在道路上的艺术品。

图 1-53　铃木汽车车标

1. 法拉利（Ferrari）

法拉利汽车公司是世界上最闻名的赛车和运动跑车生产厂家，其主要制造一级方程式赛车、赛车及高性能跑车。法拉利汽车公司于1929年由恩佐·法拉利（赛车之父）创立，总部设立在意大利摩德纳。

法拉利汽车车标以黄色为背景，黑色烈马为主图案，顶端为意大利的国徽，意为"天"，Ferrari横写字体练成串置放在车标底部，意为"地"，黄色背景是法拉利故乡的代表颜色，高高跃起的黑色烈马显现在黄色背景上，其标志渲染出一幅"天地之间、任我驰骋"的豪迈图腾，如图1-54所示。

2. 玛萨拉蒂（Maserati）

玛萨拉蒂汽车公司具有悠久的历史，是一家知名的意大利赛车和跑车的生产厂家。玛萨拉蒂汽车公司于1914年由阿夫尔·玛萨拉蒂创建，现总部设立在意大利摩德纳。现今玛萨拉蒂所具有的汽车型号有：Maserati Ghibli 轿车、GranTurismo 跑车系列、Gran Cabrio 敞篷跑车系列、Quattroporte 总裁系列。玛萨拉蒂汽车始终是尊贵品质与运动精神完美融合的象征。

玛萨拉蒂汽车车标是在树叶形的底座上放置的一件三叉戟，如图1-55所示。三叉戟图案是玛萨拉蒂汽车公司在意大利洛尼亚市的市徽。玛萨拉蒂汽车代表着非凡的精致、永恒的风格和强烈的情感，最重要的是，其代表着梦想成真。

图 1-54　法拉利汽车车标　　　　　　　图 1-55　玛萨拉蒂汽车车标

六、中国著名汽车公司及其车标

我国主要汽车公司有中国第一汽车集团公司、东风汽车集团公司、上海汽车集团有限公司、北京汽车集团有限公司、广州汽车集团有限公司等。如今初步形成了"3＋X"的格局，"3"是指一汽、东风、上汽3家企业为骨干，"X"是指广汽、北汽、长安、吉利、比亚迪、五菱、江淮等一批企业。

1. 吉利

浙江吉利控股集团有限公司是中国汽车行业十强企业，1997年进入轿车领域以来，凭借灵活的经营机制和持续的自主创新，取得了快速的发展，资产总值超过1000亿元。

吉利汽车车标设计来源于男性六块健美的腹肌，代表着年轻、力量阳刚和健康；又以盾为原型，蓝黑双色宝石作为点缀，代表着安全与永恒的品质；寓意吉利汽车品牌年轻、动力充沛、积极向上、安全健康的品牌特性，如图1-56所示。

图 1-56　吉利汽车车标

2. 比亚迪

比亚迪股份有限公司创立于 1995 年，是一家在香港上市的高新技术民营企业。比亚迪在广东、北京、上海、长沙、宁波和西安等地区建有九大生产基地。在最新公布的 2018 年中国企业 500 强中，比亚迪排名 155 位。

比亚迪英文名为"build your dreams（简称：ＢＹＤ）"，意为"成就你的梦想"，如图 1-57 所示。

3. 五菱

上汽通用五菱汽车股份有限公司（简称 SGMW）是由上海汽车工业（集团）总公司、美国通用汽车公司、柳州五菱汽车有限责任公司三方合作的大型企业，其前身为柳州五菱汽车股份有限公司。该公司以"造百姓喜爱的车"作为企业经营理念，坚持简单化、低成本制造方式，打造最广泛的百姓喜爱的微型汽车。

五菱汽车车标由五个鲜红的菱形组成，形似鲲鹏展翅，雄鹰翱翔，有上升、腾举之势，象征着五菱的事业不断发展，如图 1-58 所示。

图 1-57　比亚迪汽车车标

图 1-58　五菱汽车车标

4. 江淮汽车

安徽江淮汽车集团股份有限公司（简称江淮汽车）由乘用车公司、商用车公司、国际公司、发动机公司、研发中心、多功能商用车公司组成。江淮汽车是集商用车、乘用车及动力总成研发、制造、销售和服务于一体的综合型汽车制造厂商。目前，江淮汽车主导产品有：6 ~ 12m 客车底盘；0.5 ~ 50t、中、轻、微型货车；7 ~ 12 座瑞风商务车（MPV）；两驱和四驱瑞鹰越野车（SRV）；C、B、A、A0 级轿车。

江淮汽车车标的外部椭圆形象征着地球，表明 JAC 通过"整合全球资源，造世界车"，实现全球化经营；椭圆有迫于外力向内收缩之势，警示 JAC 人在发展过程中始终清醒认识来自外部环境的持续压力与挑战，时刻保持危机意识。内部五针组合体现 JAC 自强不息、艰苦奋斗、令行禁止、学习创新的新红军精神；象征顾客、员工、股东、上下游合作伙伴及相关方的紧密协作，和谐共赢；表达了江淮汽车系统思考、团队学习、协调平衡、追求卓越的企业理念，如图 1-59 所示。

图 1-59　江淮汽车车标

课堂问答

根据知识课堂的内容完成下列各项任务。

1）写出下列汽车品牌所属国家。

标致_____ 奇瑞_____ 庞蒂克_____ 宝马_____

奥迪_____ 起亚_____ 大宇_____ 雷诺_____

保时捷_____ 劳斯莱斯_____ 林肯_____

2）画出你最喜爱的三个汽车标志。

课堂互动

1. 小组评价（见表1-5，50分）

表1-5 小组评价表

考核项目	考核内容	评分标准	配分	扣分	得分
著名汽车生产国	1. 汽车主要生产国 2. 主要生产汽车的类型	根据情况酌情扣分	20分		
著名汽车公司	1. 各国著名汽车公司 2. 公司主要生产车型	根据情况酌情扣分	20分		
车标认识	按图认识汽车车标的名称	给5个图片，答对一个图片得2分	10分		

2. 教师总体评价（50分）

项目一 汽车的诞生与发展

课后实践

班级		姓名		日期	

任务描述：某4S店新进一款车，该款车型将作为本期品牌的主打销售车型。假设你是该4S店的销售顾问，将如何向客户介绍该车，让客户了解该车型的哪些要素，以彰显该品牌在众多品牌中的优势、凸显该车型的特色。

汽车品牌		品牌诞生年份		创始人	
车名					
汽车采用造型	☐ 马车形 ☐ 箱形 ☐ 鱼形 ☐ 船形 ☐ 楔形	汽车车标 描绘			
汽车品牌介绍					
汽车技术介绍					

课后测评

一、判断题

1. 汽转球是蒸汽机产生的雏形。 （　　　）
2. 蒸汽机是瓦特发明的。 （　　　）
3. 汽车动力经历了蒸汽机、煤气机、汽油机和柴油机四个阶段。 （　　　）
4. 第一辆摩托车由戈特利布·戴姆勒制造。 （　　　）
5. 汽车造型按其发展历程，依次经历了马车形、鱼形、箱形、船形和楔形这五种。 （　　　）
6. 鱼形汽车由于其造型特点，在高速时容易发生车身不稳现象。 （　　　）
7. 为了提高汽车的工作效率，充分发挥汽车的使用效能，提高汽车发动机、底盘方面的相关技术势在必行。 （　　　）
8. 汽车技术包括发动机技术、底盘技术、车身技术和信息通信技术。 （　　　）
9. 汽车竞赛是各大汽车生产商为了展示汽车最新技术的一种手段。 （　　　）
10. 汽车竞赛分为场地赛、街道赛和越野赛。 （　　　）

二、选择题

1. 下列哪项不是德系车品牌？（　　　）

A. 大众　　　　　B. 宝马　　　　　C. 凯迪拉克　　　　　D. 奥迪

2. 汽车最初采用人体工程力学的造型是（　　　）。

A. 箱形　　　　　B. 船形　　　　　C. 鱼形　　　　　D. 楔形

3. 第一辆四轮车是由（   ）制造的。

A. 卡尔·本茨　　　B. 戴姆勒　　　　　C. 迈巴赫　　　　　D. 奥拓

4. 下列哪项表示汽车是全轮驱动的？（   ）

A. FWD　　　　　B. RWD　　　　　C. 4×4　　　　　D. 6×4

5. 下列哪项汽车竞赛不是按场地和路面不同来分的？（   ）

A. 街道赛　　　　B. 越野赛　　　　　C. 房产赛　　　　　D. GT 赛

6. 大众汽车公司使用 W 这个图案作为商标是（   ）。

A. 1939 年　　　　B. 1948 年　　　　　C. 1960 年　　　　　D. 1978 年

7. 下列哪个公司不属于汽车联盟股份公司？（   ）

A. 小奇迹　　　　B. 奥迪　　　　　C. 漫游者　　　　　D. AMG

项目二

汽车前后市场

2

项目描述

    通过对本项目的学习，学生可熟悉新车的选购步骤、主要汽车保险公司，掌握新车选购的相关知识、承保险种、理赔流程及上牌流程，能将所学知识运用到实际的工作和生活中。

任务一　新　车　选　购

任务目标

1. 熟悉汽车选购的原则及目的。
2. 掌握汽车选购的内容。
3. 能结合客户的需求挑选出对方满意的车辆。

知识课堂

一、汽车前后市场概述

汽车前后市场是指汽车在售前、售后汽车服务行业所提供的服务项目，售前如：销售接待、产品介绍、购车知识讲座、汽车促销活动等；售后如汽车保险、汽车上牌、汽车装饰、汽车美容、汽车维护保养、爱车养护课堂等。

二、购车原则

汽车的选购遵循"安全适用"的原则，同时根据个人情况，最好"量入为出、量力而行"。

三、购车用途

购车的用途也就是买车打算用来做什么，比如营运、家庭用车、商务用车等。不同的用途所选择的车辆是

图 2-1　出租车

不一样的，营运如出租车，如图 2-1 所示；家庭用于上下班代步的普通轿车，如图 2-2 所示；工作需要的商务或公务用车，如图 2-3 所示。

图 2-2　代步车

图 2-3　商务车

四、新车选购步骤

1. 了解汽车知识

了解汽车知识及汽车市场形势，确定购车的类型。

> 📚 **小知识**
>
> 汽车知识包括外形、性能、安全技术、参数配置、售后服务及品牌口碑。

2. 选择汽车类型

（1）两厢车　将发动机室独立布置，乘客室与行李舱同一段布置，如图2-4所示。

（2）三厢车　将发动机室、乘客室与行李舱分段隔开形成相互独立的三段布置，如图2-5所示。

图2-4　两厢车

图2-5　三厢车

（3）SUV　SUV是Sport Utility Vehicle的简写，中文意思是运动型多功能车，具有轿车的舒适性和越野车通过性的车型，如图2-6所示。

（4）MPV　MPV指多用途汽车（Multi-purpose Vehicle），它集轿车、旅行车和商务车的功能于一身，具有良好的舒适性、较强的实用性及宽大的乘坐空间，如图2-7所示。

图2-6　SUV

图2-7　MPV

3. 选择汽车级别

不同级别的汽车，其发动机排量、车身长度、价格、车辆配置是不一样的，轿车级别见

表2-1。

表2-1　轿车级别标准

汽 车 级 别	发动机排量/L	车身长度/m	参考价位/万元	车 辆 配 置
微型轿车	≤1.0	3.3 ~ 3.7	≤10	一般
普通轿车	1.0 ~ 1.6	3.7 ~ 4.2	10 ~ 15	较好
中级轿车	1.6 ~ 2.5	4.2 ~ 4.45	15 ~ 20	好
中高级轿车	2.5 ~ 4.0	4.45 ~ 4.8	20 ~ 30	豪华
高级轿车	≥4.0	4.8 ~ 5.2	≥30	超豪华

小知识

美系车：外形线条锐利，油耗相对高，车身重，后排空间较小，但比较结实，耐用，保值率也不错。

欧系车：油耗中等，外形和内饰比较素雅，车重一般，空间较大，很耐用，保值率也较高。

日系车：外观及内饰时尚新颖，油耗低，车体较轻，空间不错，但板件较薄，遇到小的擦剐易受伤，总体安全系数可以，保值率一般。

国产车：同级别车购买性价比高，车重一般，空间大，外观和内饰看起来不错，油耗也不高，但保值率差。

4. 选择汽车颜色

汽车颜色是购车者在选购新车时，仅次于品牌与车型所要考虑的因素，同时，汽车颜色还与行车安全有很大的关系。

（1）**白色**　给人明快、活泼、大方的感觉。白色是立体色，容易使小车显大，另外，白色是一种百搭的颜色，因此容易与外界环境相吻合，如图2-8所示。

（2）**黑色**　给人以庄重、尊贵、严肃的感觉。黑色也容易与外界环境相吻合。黑色一直深受公务车青睐，特别是高档的黑色车，气派十足，如图2-9所示。

图2-8　白色轿车

图2-9　黑色轿车

（3）**黄色**　给人以欢快、温暖、活泼的感觉。黄色是扩大色，在环境视野中非常抢眼，特别适合跑车和小车的颜色，如图 2-10 所示。

（4）**绿色** 有很好的可视性，是大自然中森林的颜色，也是春天的颜色，小车选用绿色很有个性，如图 2-11 所示。

图 2-10　黄色轿车

图 2-11　绿色轿车

（5）**银色** 看上去让人感觉整体感很强，银色是一种最具人气，也最具动感的汽车，如图 2-12 所示。

（6）**红色** 给人以跳跃、兴奋、欢快的感觉。红色是立体色，用在跑车或运动型车上非常适合，如图 2-13 所示。

图 2-12　银色轿车

图 2-13　红色轿车

📚 **小知识**

汽车的颜色与行车安全

1）调查显示，在发生交通事故的汽车中，蓝色和绿色最多，黄色车较少。

2）明、暗色也与行车安全有很大的关系，比如红色和黄色，视认性较好，而暗色的视认性较差。

3）有关专家建议，夏天内饰最好采用冷色，冬天用暖色，可以调节驾乘人员的冷暖感觉。

4）在天气变化的情况下，行车安全性不仅受视线的影响，还与车身能见度有很大关系。在天气晴朗的时候，浅色系的汽车安全性高于深色系汽车，在黄昏、清晨、雨天、雾天光线不足的情况下，黑色汽车发生事故的概率是白色汽车的 3 倍。

5. 比较车辆配置

车辆配置主要从基本配置、安全配置、操控配置及车内外配置进行比较，可以通过网络收集同等级别车辆的相关配置参数进行比较，也可以到 4S 店实地了解，具体比较项目见表 2-2。

表 2-2　车辆配置比较项目表

配　置	比 较 项 目
基本配置	长×宽×高、车身结构、最高车速、百公里加速、油耗、整车质保期、轴距、轮距、最小离地间隙、油箱容积、行李舱容积、排量、最大功率、最大转矩、变速器类型、悬架类型、制动器类型、轮胎规格、备胎规格
安全配置	安全气囊、胎压监测装置、零胎压继续行驶、安全带未系报警装置、ISOFIX 儿童座椅接口、儿童安全锁、发动机电子防盗、车内中控锁、车门内置防侧撞保护梁、前制动片磨损监控显示、遥控钥匙、无钥匙起动系统
操控配置	ABS、EBD、EBA、TCS、ESP、中央差速器锁止功能、上坡辅助、自动驻车、可变悬架
车内外配置	电动天窗、全景天窗、铝合金轮圈、车窗防夹手功能、电动行李舱、外后视镜电动调节、加热及自动折叠功能、转向盘调节、多功能转向盘、定速巡航控制系统、倒车雷达、倒车影像、行车电脑显示屏、全液晶仪表盘

6. 车辆试乘试驾

试乘试驾要以考察发动机、变速器的运行情况为主，并从操控性、动力性、舒适性等几个主要方面考察车辆的性能。

7. 售后服务

（1）维修点的距离　考虑维修站点离自己居住或上班地点的距离，越近，之后的维护保养及维修越方便。

（2）维护及维修价格　一辆家庭用车从购买到报废要经历 15 年的时间，所需的维护及维修费用更是一笔庞大的支出，因此购车之前更要了解之后的维护及维修费用情况。

（3）维修质量　维修质量是体现一个维修站维修人员是否专业的重要标准，顾客都希望购车后的维修质量是有保证的。

（4）服务人员态度　服务人员的态度直接影响到客户的满意度。

（5）配件供应　供应的配件是否为原厂件、配件供应是否齐全。

8. 新车验收

（1）查看车辆生产日期　查看车辆生产日期，若车辆生产日期与购车日期接近，说明车辆较新；查看里程表，车辆行驶里程一般在 10～20km 属于正常范围，如图 2-14 所示。

图 2-14　查看车辆生产日期

（2）查看轮胎　查看轮胎是否有磨损、刮痕、胎面是否光滑、有无漏气现象，特别看轮胎的刺状突起有无磨损，如图 2-15 所示。

项目二　汽车前后市场

（3）**查看油液**　检查机油、防冻液、制动液等油液液位、颜色是否正常，观察有无漏油、漏水等留下的痕迹，如图 2-16 所示。

图 2-15　查看轮胎

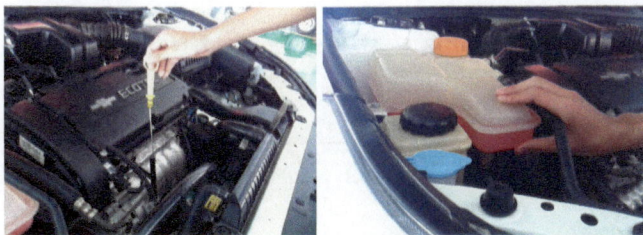

图 2-16　查看油液

（4）**查看车门**　检查车门是否灵活，开关车门有无异响。密闭橡胶完好，关门可以感觉到明显的密闭效果，且车门在最后一段行程会有类似于吸力的力量将车门关闭，如图 2-17 所示。

（5）**查看车身**　查看漆面有无划痕或修补痕迹，车身有无倾斜、装配处缝隙是否均匀，如图 2-18 所示。

图 2-17　查看车门

图 2-18　查看车身

（6）**查看车内**　试门窗、空调、收音机、喇叭、灯光等的开关工作是否顺畅和正常，如图 2-19 所示。

（7）**试车试驾**　起动车辆，查看发动机在怠速时是否运转平稳，加速时声音有无异常；车辆行驶过程中底盘有无异响，在低速、高速时转向盘是否轻便平稳，车辆提速快还是慢，如图 2-20 所示。

图 2-19　查看车内

图 2-20　试车试驾

课堂问答

根据知识课堂的内容完成下列各项任务。
1）购车遵循＿＿＿＿＿＿原则。
2）新车行驶里程在＿＿＿＿＿＿ km 属于正常范围。
3）简述汽车颜色与行车安全的关系。

课堂互动

1. 小组评价（见表2-3，50分）

表2-3　小组评价表

考核项目	考核内容	评分标准	配分	扣分	得分
汽车类型及级别	1. 判断车辆属于两厢还是三厢 2. 认知车辆品牌及车型 3. 查看车辆排量 4. 车辆市场售价	某项不符合要求不给分	10分		
汽车配置	1. 认知基本配置 2. 认知安全配置 3. 认知操控配置 4. 认知内外配置	某项不符合要求不给分	20分		
新车验收	1. 查看生产日期 2. 查看轮胎 3. 查看油液液位 4. 查看车门 5. 查看车身 6. 查看车内配置 7. 试车	某项不符合要求不给分	20分		

2. 教师总体评价（50分）

任务二　汽车保险

任务目标

1. 熟悉汽车交强险的意义。
2. 熟悉汽车商业保险的种类。
3. 掌握汽车保险理赔流程。

知识课堂

一、汽车保险承保

1. 汽车保险的由来和发展

最早开发汽车保险业务的是英国的"法律意外保险有限公司"，1898 年该公司率先推出了汽车第三者责任险，并可附加汽车火险。1927 年是汽车保险发展史上的一个重要里程碑。美国马萨诸塞州制定的举世闻名的强制汽车（责任）保险法的颁布与实施，表明了汽车第三者责任险开始由自愿保险方式向法定强制保险方式转变。此后，汽车第三者责任险很快波及世界各地。第三者责任险的广泛实施，极大地推动了汽车保险的普及和发展。车损险、盗窃险、货运险等业务也随之发展起来。

2. 汽车保险的种类

机动车保险的种类可分为机动车交通事故责任强制保险（简称"交强险"）和商业险两大部分。

（1）交强险　顾名思义是国家法律强制规定必须购买的保险，交强险是由保险公司对被保险机动车发生道路交通事故造成受害人（不包括本车人员和被保险人）的人身伤亡、财产损失，在责任限额内予以赔偿的强制性责任保险。

交强险的赔偿限额是有一定额度的，最高不超过 12.2 万元，见表 2-4。当交通事故中的赔付额度超过交强险的最高额度时，就需要车主购买的第三者责任险来进行赔付，第三者责任险的赔偿限额也有 5 万元、10 万元、15 万元、50 万元、100 万元等不同档次。

表 2-4　交强险赔付限额

限额类别	死亡伤残/万元	医疗费用/万元	财产损失/万元
有责任限额	11	1	0.2
无责任限额	1.1	0.1	0.01

（2）商业险　又包括基本险（主险）和附加险两部分。基本险分为车辆损失险和第

三者责任险、全车盗抢险（盗抢险）、车上人员责任险（驾驶人责任险和乘客责任险）四个独立的险种。附加险包括玻璃单独破碎险、划痕险、自燃损失险、涉水行驶险、修理期间费用补偿险、无过失责任险、车载货物掉落责任险、车辆停驶损失险、新增设备损失险、不计免赔特约险等。附加险不能单独投保。玻璃单独破碎险、划痕险、自燃损失险、新增加设备损失险、涉水行驶险、修理期间费用补偿险是车身损失险的附加险，必须先投保车辆损失险后才能投保这几个附加险。货物责任险、无过错责任险、车载货物掉落责任险等是第三者责任险的附加险，必须先投保第三者责任险后才能投保这几个附加险；每个险别不计免赔是可以独立投保的。

3. 承保流程

汽车保险承保即保险人（保险公司）在投保人提出投保申请后，审核其投保内容，同意接受其投保申请，并负责按照有关保险条款承担保险责任的过程。

承保流程大致如下：

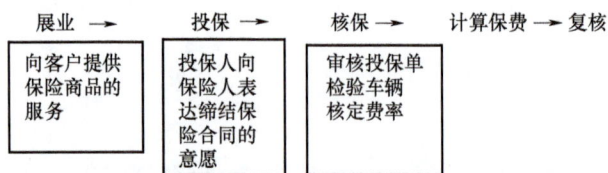

展业 → 投保 → 核保 → 计算保费 → 复核

| 向客户提供保险商品的服务 | 投保人向保险人表达缔结保险合同的意愿 | 审核投保单检验车辆核定费率 |

二、汽车保险理赔流程

车辆出险时，应及时向公安机关报警并拨打保险公司电话报案，目前国内几个主要保险公司报案电话见表2-5。

大致的索赔流程如下：

出险→报案→现场处理→提出索赔请求→配合保险公司事故查勘→提交索赔材料→索赔审核→领取赔款。

表2-5 我国几个主要保险公司报案电话

保险公司名称	中国人保	太平洋保险	中国平安	大地保险	华安保险	安邦保险	阳光保险
报案电话	95518	95500	95511	95590	95556	95569	95510

课堂问答

根据知识课堂的内容完成下列各项任务。
1）汽车保险是如何分类的？
2）附加险是否可以单独投保？
3）分小组对以下四个案例进行分析。
案例一：驾驶人刘某所在地经过一夜暴雨，第二天早上起来发现地下车库被大水淹没后褪去。此时，刘某急着上班，起动汽车，导致活塞连杆断裂，发动机报废，该案件保险公司该如何处理？

案例二：年近过年，驾驶人张某将自己新买的价值20万元的小车开回老家过年，停放在家门口，可是第二天早上起来发现车身左前门被鞭炮炸坏了，肇事者也找不到，于是给汽车购买了车损险的张某拨打了保险公司的电话报案，请问保险公司是否赔付？如果赔付该怎么赔付？

案例三：2018年5月小长假期间，小张借此假期机会到外地游玩与朋友小聚。聚餐时饮少量啤酒，驾车离开途中与一电动车发生擦碰，电动车车主受伤住院，电动车辆受损。小张已购买第三者责任险，请分析该案例是否属于保险公司赔付范围？

案例四：刚刚购买了新车的小吴，使用临牌期间，不小心与路边的行人相撞，造成行人受伤住院，小吴的新车车后保险杠受损，请分析在此情况下，发生的哪些费用在保险公司的赔付范围内？

课堂互动

1. 小组评价（见表2-6，50分）

表2-6　小组评价表

考核项目	考核内容	评分标准	配分	扣分	得分
案例一	进行案例分析并指出是否符合保险公司的理赔范围	案例分析是否正确合理	10分		
案例二	进行案例分析并指出是否符合保险公司的理赔范围	案例分析是否正确合理	10分		
案例三	进行案例分析并指出是否符合保险公司的理赔范围	案例分析是否正确合理	15分		
案例四	进行案例分析并指出是否符合保险公司的理赔范围	案例分析是否正确合理	15分		

2. 教师总体评价（50分）

汽车概论

项目二　汽车前后市场

39

任务三 汽车上牌

任务目标

1. 熟悉汽车牌号的含义。
2. 熟悉汽车上牌的时间和流程。

知识课堂

一、汽车上牌的含义

汽车牌照是汽车号牌与汽车行驶证的简称，按国家相关规定由车辆管理机关统一发放。

二、汽车上牌的时间及流程

国家规定汽车需要依法登记上牌才能上路行驶，如果未登记需要临时上路行驶的，需要依法申请临时号牌，如图 2-21 所示。临时牌照的有效期一般不超过 15 天，可以办理三次。

图 2-21 临时牌照

个人或者单位购买新车上牌需要提供的材料有机动车购车发票、车辆合格证、交强险、车辆照片（可在上牌点现场制作）、车辆拓号（可在上牌点现场制作）、车主身份证及复印件、异地上牌需提供暂住证明，单位或者企业还需提供加盖公章的办理委托书、受委托办理人员身份证原件及复印件、组织机构代码证原件及复印件。若购买二手车，则还需提供二手车交易发票、机动车档案（若转出地车管部门未将机动车登记证书、行驶证封存入档案的，上牌时一并提交）。具体上牌流程如图 2-22 所示。

三、汽车牌号

我国民用机动车车牌号共七位数（有汉字、英文字母、阿拉伯数字）：第一个是汉字，它是该车辆所在省（市、自治区）的简称；第二个是英文字母，它是车辆所在地区（地级市）的代码；第三个可能是英文字母，也有的是阿拉伯数字，它代表的是车辆所在县（县级市）；最后四位数字或字母从理论上讲就是该车上牌的顺序号了。

我国的汽车车牌可以分为以下几种：

(1) **大型汽车号牌** 黄底黑字黑框线，包括中型（含）以上载客、载货汽车和专项作业车、半挂牵引车、电车。

(2) **挂车号牌** 黄底黑字黑框线，包括全挂车和不与牵引车固定使用的半挂车。

(3) **小型汽车号牌** 蓝底白字白框线，包括中型以下载客、载货汽车和专项作业车。

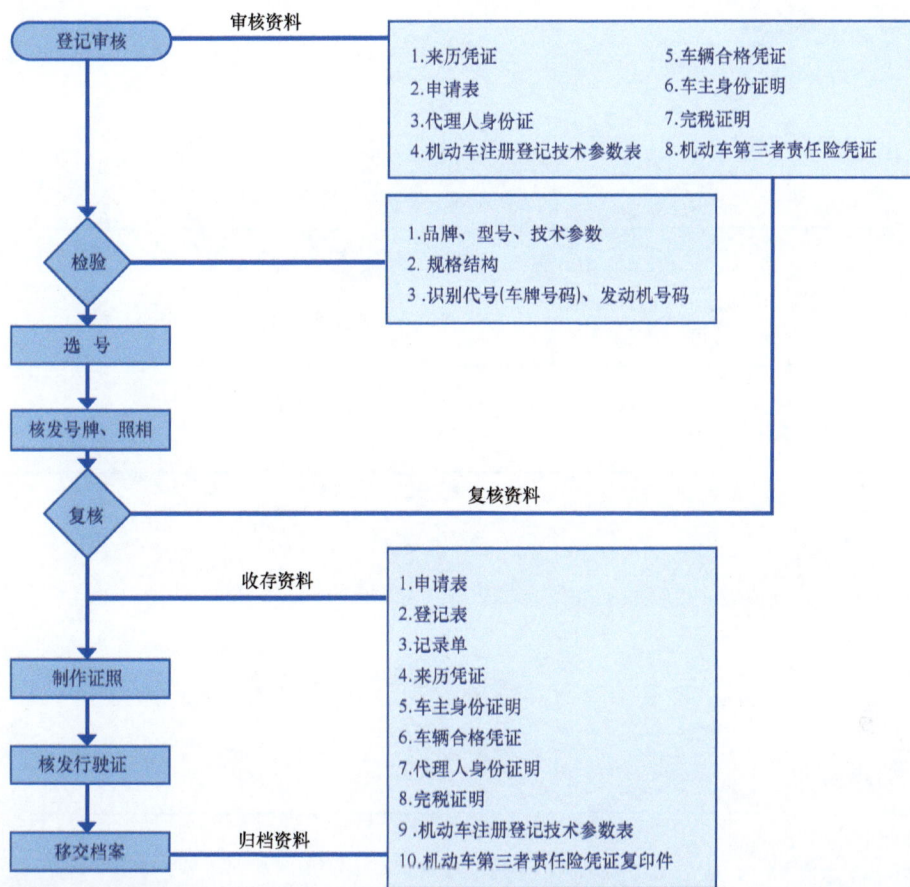

图 2-22 个人购车上牌流程

（4）使、领馆汽车号牌　黑底白字，红"使""领"字，白框线，包括驻华使、领馆汽车。

（5）港澳入出境车号牌　黑底白字，白"港""澳"字，白框线，包括港澳地区入出内地的汽车。

（6）教练汽车号牌　黄底黑字黑"学"字，黑框线。教练用汽车。

（7）警用汽车号牌　白底黑字红"警"字，黑框线。汽车类警车。

（8）低速车号牌　黄底黑字黑框线。低速载货汽车、三轮汽车和轮式自行机械车。

（9）民航号牌　绿底白字。车牌以"民航"二字开头，用于机场摆渡车，机场专用作业车等。

课堂问答

根据知识课堂的内容完成下列各项任务。

1）我国的民用机动车号牌一共有_____数字字母汉字组成。

2）家用小轿车的号牌是_____。

课堂互动

1. 小组评价（见表 2-7，50分）

表 2-7　小组评价表

考核项目	考核内容	评分标准	配分	扣分	得分
各类车牌	按照老师打印好的牌照彩图，指出每张牌照属于哪一类机动车使用	某项不符合要求不给分	50分		

2. 教师总体评价（50分）

课 后 实 践

班级		姓名		日期	

任务描述：客户李明在某4S店购买了一辆新车，按约定时期到店提车，假设你是4S店的销售顾问，请陪同客户完成新车的交车工作。

新车交车单

车主		销售顾问	
车型		发动机号	
颜色		车辆识别代号	

通用附件	随车配置	是否齐全 是	否	随车文件	是否齐全 是	否
	工具包			合格证		
	备胎			使用手册		
	车钥匙2把			维修手册		
	千斤顶			购车发票		
	三角警示牌					

（续）

检验项目	随车配置	是否正常		随车配置	是否正常	
		是	否		是	否
	车身油漆			暖风、空调		
	全车灯光			刮水器、点烟器		
	全车玻璃			喇叭		
	后视镜			CD/DVD、导航、收音机		
	整车车况			GPS/SD 卡		
说明	1. 卖方经办人检查车辆及随车文件，确认无误后签字。					
	2. 车辆售出后出现的质量问题由买方凭厂家的质量维修手册，在保修期内到厂家指定的维修服务中心进行维修。					
备注						

客户签字： 日期：

课后测评

选择题

1. 排量为 2.5L 的轿车级别为（　　）。

A. 普通轿车　　　　B. 中级轿车　　　　C. 中高级轿车　　　　D. 高级轿车

2. （　　）颜色的汽车给人以跳跃、兴奋、欢快的感觉。

A. 绿色　　　　B. 黄色　　　　C. 红色　　　　D. 白色

3. 将发动机室、乘客室与行李舱分段隔开形成相互独立的三段布置称为（　　）。

A. 两厢车　　　　B. 三厢车　　　　C. SUV　　　　D. MPV

4. 下列保险险种属于基本险的是（　　）。

A. 车身划痕险　　　　　　　　　B. 自燃损失险

C. 全车盗抢险　　　　　　　　　D. 车载货物掉落责任险

5. 交强险合同中的被保险人是指（　　）。

A. 投保人　　　　　　　　　　　B. 车上人员

C. 投保人及允许的合法驾驶人　　　D. 遭受人身伤亡或财产损害的人

6. 在购买了（　　）的基础上，才可以购买自燃险。

A. 第三者责任险　　B. 不计免赔　　C. 全车盗抢险　　D. 车损险

7. 汽车上牌的地点是（　　）。

A. 4S 店　　　　B. 公安局　　　　C. 交警大队　　　　D. 车辆管理所

项目三

3

汽车结构的认知

项目描述

通过对本项目的学习，学生可熟悉汽车的基本结构组成、汽车的定义与分类，掌握汽车发动机、底盘、车身的结构以及对汽车仪表、灯光、电气的识别，能够将对汽车结构基础知识的学习运用到实际的工作和生活中。

任务一　汽车基础知识

任务目标

1. 熟悉汽车的组成。
2. 掌握汽车的分类。
3. 结合实际生活，理解并记住衡量一辆汽车性能的指标。

知识课堂

一、汽车的结构概述

汽车一般由发动机、底盘、车身和电气设备四个基本部分组成，如图3-1所示。

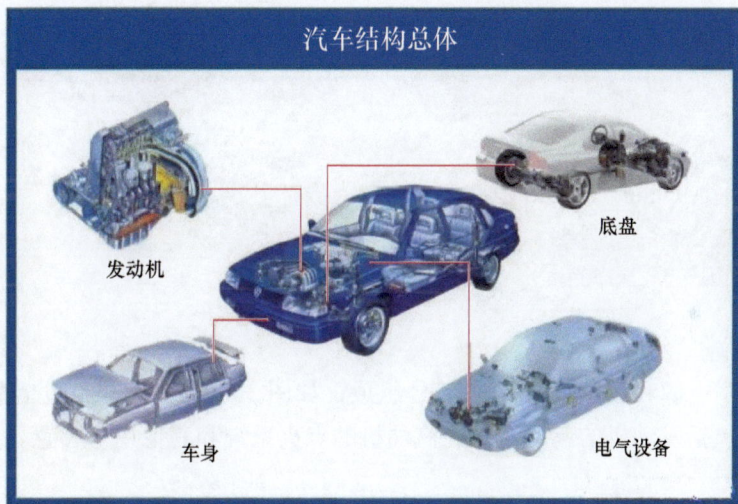

图 3-1　汽车结构

1. 发动机

发动机是汽车的动力装置，其作用是使燃料燃烧产生动力，通过底盘的传动系统将动力传给车轮驱动汽车行驶。常见的发动机有汽油机和柴油机，如图3-2所示。

2. 底盘

底盘的作用是支撑、安装汽车发动机及其各部件、总成，形成汽车的整体造型，并接受发动机的动力，使汽车产生运动，保证车辆正常行驶，如图3-3所示。底盘由传动系统、行驶系统、转向系统和制动系统四部分组成。

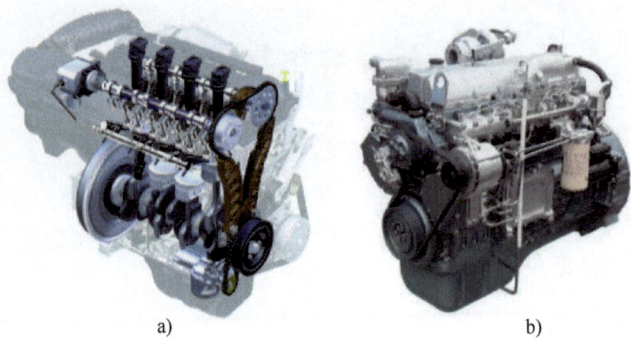

图 3-2　发动机

a）汽油机　b）柴油机

3. 车身

车身安装在底盘的车架上，用以承载驾驶人、乘客或货物。轿车、客车的车身一般是整体结构，如图 3-4 所示；货车车身一般是由驾驶室和货箱两部分组成。

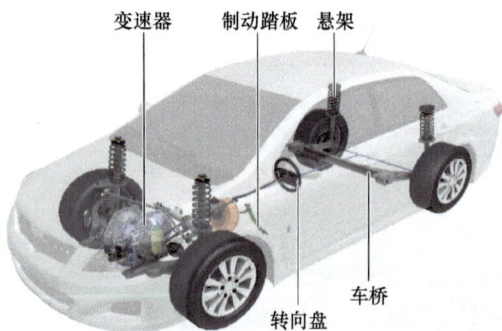

变速器　制动踏板　悬架

转向盘　车桥

图 3-3　汽车底盘

车身

图 3-4　轿车车身

4. 电气设备

电气设备由电源和用电设备两大部分组成，如图 3-5 所示。电源包括蓄电池和发电机。用电设备包括发动机的起动系统、汽油机的点火系统和其他用电装置。

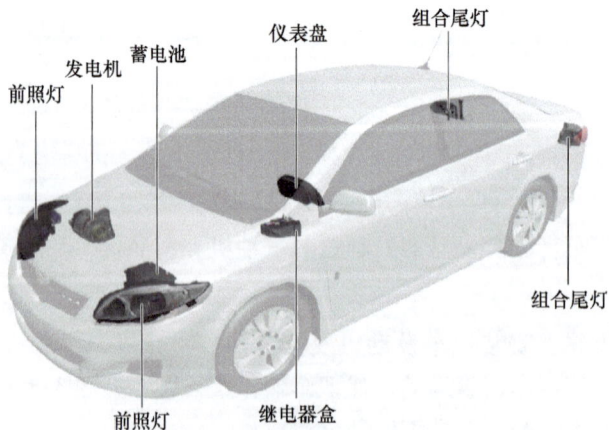

发电机　蓄电池　仪表盘　组合尾灯

前照灯

组合尾灯

前照灯　继电器盒

图 3-5　电气设备

二、汽车的类型

1. 按用途分类

汽车按用途可以分为乘用车和商用车。

（1）乘用车　指车辆座位不超过九座（含驾驶人位），以载客为主要目的的车辆，如图3-6所示，乘用车包括基本乘用车、MPV、SUV和其他车型。

（2）商用车　指车辆座位大于九座（含驾驶人位），以载货为主要目的的车辆，包括客车、载货车、半挂车、客车非完整车和载货车非完整车，如图3-7所示。

图3-6　乘用车

a)　　　　　　　　　　b)

图3-7　商用车

a）载货车　b）客车

2. 按排量分类

汽车的排量指的是发动机所有气缸的工作容积之和。不同车型的汽车，其排量不一样，详见表3-1。

表3-1　汽车排量分类标准

汽车类型	微型轿车	普通轿车	中级轿车	中高级轿车	高级轿车
发动机排量/L	≤1.0	1.0~1.6	1.6~2.5	2.5~4.0	≥4.0
车型	奇瑞QQ、比亚迪F0	大众高尔夫、本田思域	大众迈腾、日产天籁	奥迪A6、奔驰E级	奔驰S级、奥迪A8

3. 按发动机布置和驱动方式分类

按照发动机布置和驱动方式可以将汽车分为发动机前置前驱（FF）汽车，如图3-8所示；发动机前置后驱（FR）汽车，如图3-9所示；发动机后置后驱（RR）汽车，如图3-10所示；发动机四轮驱动（4WD）汽车，如图3-11所示。

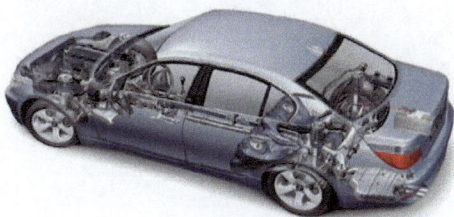

图3-8　发动机前置前驱汽车　　　　图3-9　发动机前置后驱汽车

图 3-10　发动机后置后驱汽车

图 3-11　发动机四轮驱动汽车

4. 按动力装置分类

现代汽车按照动力的装置不同可以分为汽油发动机汽车、柴油发动机汽车、电动汽车。

（1）汽油发动机汽车　汽油发动机是以汽油作为燃料的发动机。

（2）柴油发动机汽车　柴油发动机是燃烧柴油来获取能量释放的发动机。

（3）电动汽车　电动汽车又可分为纯电动汽车、混合动力电动汽车和燃料电池电动汽车。

1）纯电动汽车。驱动能量完全由电能提供的、由电机驱动的汽车，如图 3-12 所示。

2）混合动力电动汽车。能够至少从后述两类（可消耗的燃料、可再充电能/能量储存装置）车载储存的能量中获得动力的汽车，如图 3-13 所示。

3）燃料电池电动汽车。以燃料电池系统作为单一动力源或以燃料电池系统与可充电储能系统作为混合动力源的电动汽车，如图 3-14 所示。

图 3-12　绅宝纯电动车辆

图 3-13　雷克萨斯

图 3-14　氢燃料电池电动汽车

三、汽车的性能指标

汽车的使用性能是指汽车能适应各种使用条件而发挥最大工作效率的能力，主要有以下几项性能指标。

1. 汽车的动力性

汽车的动力性可以通过最高车速、加速性能和最大爬坡度三个指标来评定。

（1）**最高车速** 指汽车在平坦良好的路面所能达到的最高行驶速度。

（2）**加速能力** 指汽车在行驶中迅速增加行驶速度的能力，常用汽车原地起步的加速性和超速加速性来评价。

（3）**最大爬坡度** 指汽车载满时，在良好路面上以最低前进档所能爬升的最大坡度，如图 3-15 所示。

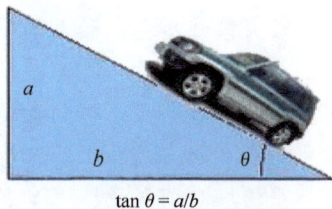

$$\tan\theta = a/b$$

图 3-15　最大爬坡度

2. 汽车的燃油经济性

汽车在一定的使用条件下，以最小的燃油消耗量完成单位运输工作的能力称为其燃油经济性。我国和欧洲一样，均用百公里油耗（单位为 L/100km）来作为汽车燃油经济性指标。

3. 汽车的制动性

汽车的制动性能主要从制动效能、制动抗热衰退性和制动时汽车的方向稳定性这三个方面来评价。

（1）**汽车的制动效能** 是指汽车迅速降低行驶速度直至停车的能力。制动效能是制动性能最基本的评价指标。

（2）**汽车的制动抗热衰退性** 是指汽车高速制动、短时间内多次重复制动或下长坡连续制动时制动效能的热稳定性。

（3）**汽车制动时的方向稳定性** 是指汽车在制动时，按指定轨迹行驶的能力，即不发生跑偏、侧滑或甩尾失去转向能力，如图 3-16 所示。

图 3-16　汽车甩尾

4. 汽车的操纵性和稳定性

汽车的操纵稳定性包括操纵性和稳定性。

（1）**操纵性** 指汽车能及时准确地按驾驶人的转向指令转向。

（2）**稳定性** 指汽车受到外界干扰后，能自行恢复正常行驶的方向，而不发生倒滑、倾覆、失控等现象。

5. 汽车行驶的平顺性

汽车行驶时，对路面不平度的隔振特性，称为汽车的行驶平顺性。

6. 汽车的通过性

汽车的通过性是指汽车在一定的车载质量下能以足够的平均经济车速，顺利地通过坏路或无路区域，并能克服各种障碍物且具有一定的寿命的能力。

小知识

整车装备质量：汽车完全装备好的质量，是指完整的发动机、底盘、车身、全部电气设备和车辆正常行驶所需要的辅助设备（包括加足燃料、机油及冷却液，随车工具等）的质量之和。

> 最大总质量：汽车满载时的质量。
> 最大装载质量：最大总质量和整车装备质量之差。
> 最大轴载质量：汽车单轴所承载的最大总质量。
> 最小转弯半径：转向盘转到极限位置，以最低车速转向行驶时，外侧转向轮的中心平面在车辆支撑面上的轨迹圆半径（单位为 mm）。
> 平均燃料消耗量：汽车在公路上行驶时平均燃料消耗量（单位为 L/100km）。

课堂问答

根据知识课堂的内容完成下列各项任务。

1）汽车由 _____ 、 _____ 、 _____ 和 _____ 四部分组成。

2）汽车的动力性指标可以通过 _____ 、 _____ 和 _____ 三个指标来评定。

3）简述汽车的主要分类方式。

课堂互动

1. 小组评价（见表 3-2，50 分）

表 3-2　小组评价表

考核项目	考核内容	评分标准	配分	扣分	得分
汽车的组成	1. 认知发动机具体位置 2. 认知底盘位置 3. 认知车身部分 4. 认知电气设备部分	某项不符合要求不给分	10 分		
汽车分类	1. 按用途分类车辆属于哪种类型 2. 查看排量，判断属于哪种汽车类型 3. 查看发动机布置和驱动方式类型 4. 判断按动力装置分为哪种类型	某项不符合要求不给分	30 分		
汽车的性能	1. 认知动力性评价指标 2. 认知燃油经济性评价指标 3. 认知制动性评价指标 4. 认知操作稳定性评价指标 5. 认知行驶的平顺性评价指标 6. 认知通过性评价指标	某项不符合要求不给分	10 分		

2. 教师总体评价（50 分）

任务二　汽车发动机基础知识

任务目标

1. 熟悉汽车发动机的分类与组成。
2. 掌握汽车发动机的工作原理。

知识课堂

一、发动机的分类

1. 按冲程分类

（1）四冲程发动机　曲轴转两圈（720°），活塞在气缸内上下往复运动四个行程（进气、压缩、做功和排气）的发动机，如图 3-17 所示。

（2）二冲程发动机　曲轴转一圈（360°），活塞在气缸内上下往复运动两个行程的发动机，如图 3-18 所示。

图 3-17　四冲程发动机

图 3-18　二冲程发动机

2. 按冷却方式分类

（1）水冷式发动机　以水或冷却液作为冷却介质的发动机，如图 3-19a 所示。

（2）风冷式发动机　以空气作为冷却介质的发动机，如图 3-19b 所示。

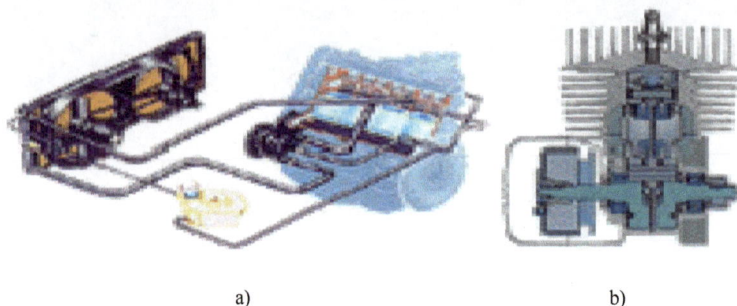

a)　　　　　　　　　　　　　　　　　　b)

图 3-19　水冷及风冷式发动机

a）水冷式发动机　b）风冷式发动机

3. 按气缸数目分类

（1）单缸发动机　仅有一个气缸的发动机，如图 3-20a 所示。

（2）多缸发动机　具有两个以上气缸的发动机，如图 3-20b 所示。

4. 按气缸布置方式分类

（1）直列式发动机　其各气缸整齐排成一列，四缸及以下发动机普遍采用，如图 3-21 所示。

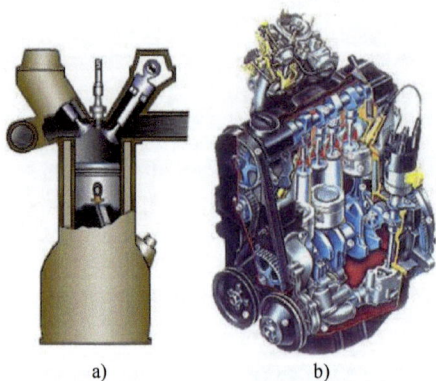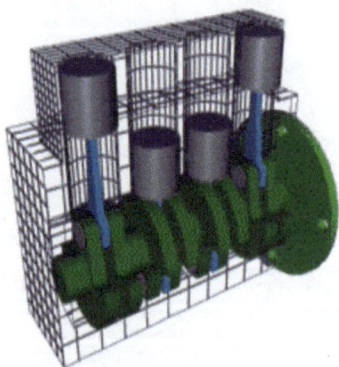

a)　　　　　　b)

图 3-20　单缸及多缸发动机

a）单缸发动机　b）多缸发动机

图 3-21　直列式发动机

（2）V 形发动机　其两列气缸之间的夹角小于 180°，一般为 90°，六缸及以上发动机普遍采用，如图 3-22 所示。

（3）对置式发动机　其两列气缸之间的夹角等于 180°，如图 3-23 所示。

5. 按活塞运动方式分类

（1）往复活塞式发动机　其活塞在气缸内做往复直线运动，如图 3-24a 所示。

（2）转子活塞式发动机　其活塞在气缸内做旋转运动，如图3-24b 所示。

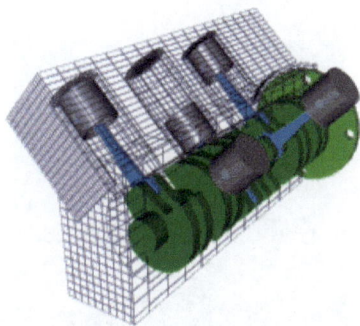

图 3-22　V 形发动机

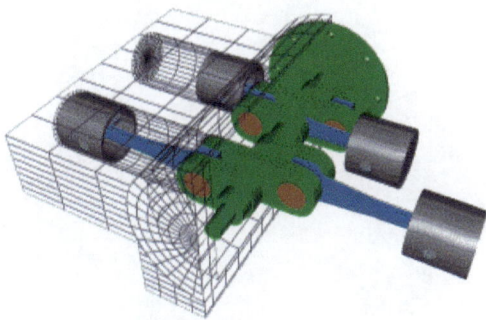

图 3-23　对置式发动机

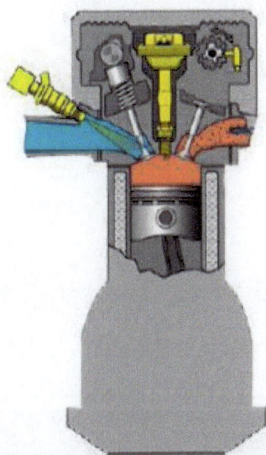

a)

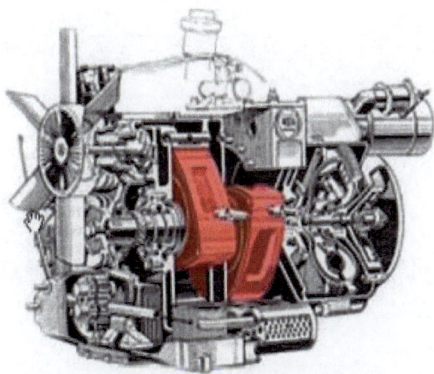

b)

图 3-24　活塞式发动机

a）往复活塞式发动机　b）旋转活塞式发动机

6. 按进气状态分类

可分为自然吸气（非增压）式发动机和强制进气（增压）式发动机两种，如图 3-25 所示。

7. 按使用燃料种类分类

（1）汽油发动机　以汽油作为燃料的发动机。

（2）柴油发动机　以柴油作为燃料的发动机。

（3）气体燃料发动机　使用天然气（CPG）燃料和其他气体燃料的发动机，如图 3-26 所示。

二、发动机的组成

现代汽车发动机通常由两大机构和五大系统组成。

（1）**两大机构**　曲柄连杆机构和配气机构。

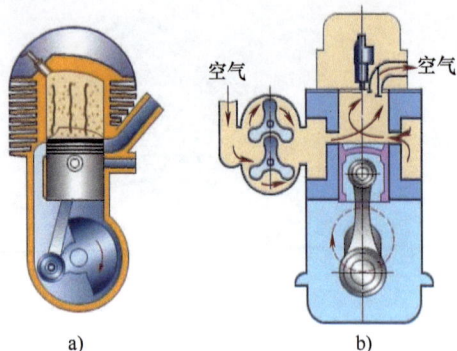

图 3-25　非增压及增压发动机
a）自然吸气式发动机　b）强制进气式发动机

图 3-26　CPG 发动机

（2）**五大系统**　润滑系统、冷却系统、供给系统、起动系统和点火系统（柴油机没有）。

三、发动机工作原理

1. 专业术语

汽车发动机常用到工作循环、上止点、下止点、行程、燃烧室容积、气缸工作容积、气缸总容积等基本术语，如图 3-27 所示。

图 3-27　发动机术语表示图

（1）**工作循环**　发动机每一次将热能转变为机械能都必须经过进气、压缩、做功和排气四个行程。每进行一次这样的过程就叫作一个工作循环。

（2）**上止点**　活塞在气缸内做往复运动时，活塞顶部距离曲轴旋转中心最远的位置，称为上止点。

（3）**下止点**　活塞在气缸内做往复运动时，活塞顶部距离曲轴旋转中心最近的位置，称为下止点。

（4）行程　活塞从一个止点到另一个止点移动的距离，称为活塞行程。

（5）燃烧室容积　活塞位于上止点时其顶部与气缸盖之间的容积，称为燃烧室容积。

（6）气缸工作容积　上、下止点间所包容的气缸容积称为气缸的工作容积。

（7）气缸总容积　气缸工作容积与燃烧室容积之和，称为气缸总容积。

（8）排量　多缸发动机各缸工作容积的总和，称为发动机排量。

（9）压缩比　气缸总容积与燃烧室容积之比，称为压缩比。压缩比的大小表示活塞由下止点运动到上止点时，气缸内气体被压缩的程度。压缩比越大，压缩终了时气缸内的气体压力和温度就越高。

（10）工况　发动机在某一时刻的运动状况简称工况，以该时刻发动机输出的有效功率和曲轴转速表示。曲轴的转速即为发动机转速。

2. 工作原理

（1）四冲程汽油机的工作原理　四冲程汽油机每完成一个工作循环（进气、压缩、做功、排气），曲轴旋转两周，进、排气门各开闭一次，如图3-28所示。

1）进气行程。活塞在曲轴的带动下由上止点移至下止点。此时排气门关闭，进气门开启，如图3-29所示。

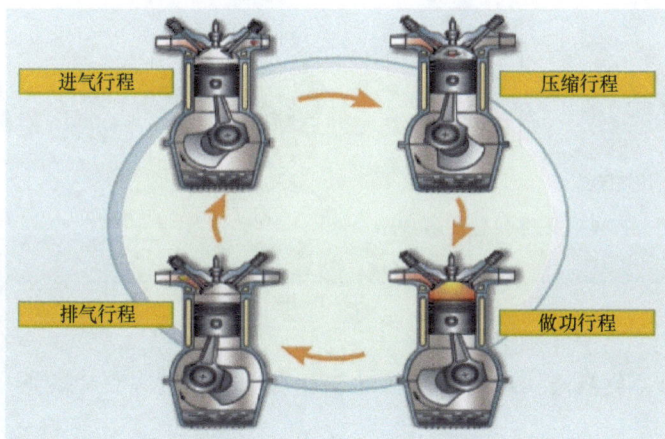

图 3-28　四冲程汽油机工作原理示意图

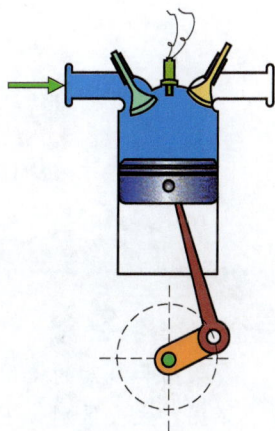

图 3-29　进气行程

2）压缩行程。进气行程结束后，曲轴继续带动活塞由下止点移至上止点。这时，进、排气门均关闭，如图3-30所示。

3）做功行程。压缩行程结束时，安装在气缸盖上的火花塞产生电火花，将气缸内的可燃混合气点燃，火焰迅速传遍整个燃烧室，同时放出大量的热能。这时，进、排气门仍旧关闭，如图3-31所示。

4）排气行程。排气门开启，进气门关闭，曲轴通过连杆带动活塞由下止点移至上止点，此时膨胀过后的燃烧气体（即废气）在其自身剩余压力和活塞的推动下，排出气缸，如图3-32所示。

（2）四冲程柴油机的工作原理　四冲程柴油机和汽油机一样，每个工作循环也包括进气、压缩、做功和排气四个过程，如图3-33所示。

项目三　汽车结构的认知

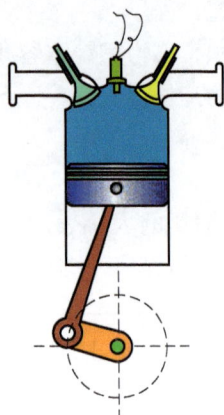

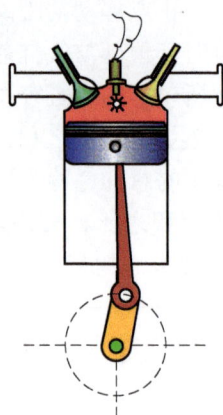

图 3-30　压缩行程　　　图 3-31　做功行程　　　图 3-32　排气行程

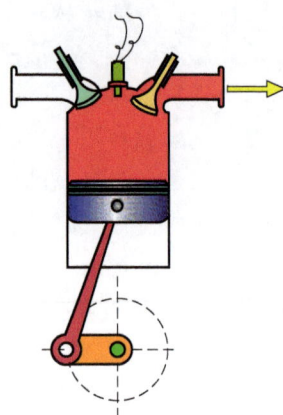

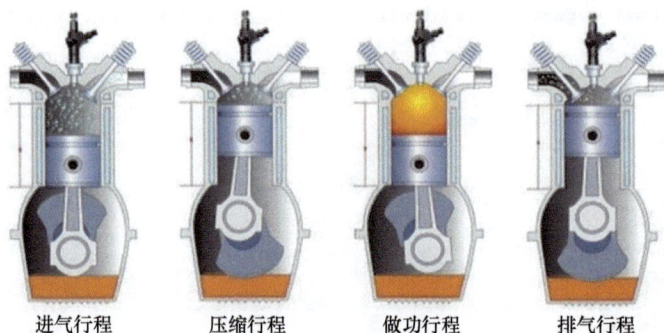

进气行程　　　压缩行程　　　做功行程　　　排气行程

图 3-33　四冲程柴油机工作原理示意图

小知识

柴油和汽油的使用性能不同，使柴油机和汽油机在混合气形成方法及点火方式上都不同，主要区别如下：

1）进气行程。在柴油机进气行程中，被吸入气缸的只是纯净的空气。

2）压缩行程。压缩纯净的空气，由于柴油机的压缩比大，压缩终了的压力和温度都比汽油机高。压力可达 3000~5000kPa，温度可达 800~1000K。

3）做功行程。在压缩行程结束时，喷油泵将柴油泵入喷油器，并通过喷油器喷入燃烧室。

4）排气行程。排气门开启，进气门关闭，燃烧后的废气排出气缸。排气终了气缸内压力为 105~125kPa，温度为 800~1000K。

课堂问答

根据知识课堂的内容完成下列各项任务。

1）发动机按照冲程分类可分为_____和_____。

2）发动机的结构通常是由_____和_____两大机构以及五大系统构成。

3）发动机的排量指的是_____。

4）简述四冲程汽油机和四冲程柴油机的区别。

课堂互动

1. 小组评价（见表3-3，50分）

表3-3　小组评价表

考核项目	考核内容	评分标准	配分	扣分	得分
发动机的分类	1. 判断发动机属于二冲程还是四冲程 2. 认知冷却方式 3. 认知气缸数目 4. 认知气缸布置方式 5. 认知活塞运动方式 6. 判断进气方式属于增压式还是非增压 7. 认知使用燃料种类	某项不符合要求不给分	30分		
发动机的专业术语	1. 认知发动机的工作循环 2. 认知上止点位置 3. 认知下止点位置 4. 认知燃烧室容积 5. 认知气缸工作容积 6. 认知排量	某项不符合要求不给分	20分		

2. 教师总体评价（50分）

任务三　汽车发动机结构的认知

任务目标

1. 熟悉汽车发动机的总体构造。
2. 能叙述出汽车发动机各系统的基本组成和作用。
3. 能结合各品牌汽车认识发动机的构造。

一、汽车发动机的结构概述

现代汽车发动机的种类很多，但大部分的发动机是由两大机构、五大系统组成，其中柴油机无点火系统，汽油发动机结构如图 3-34 所示。

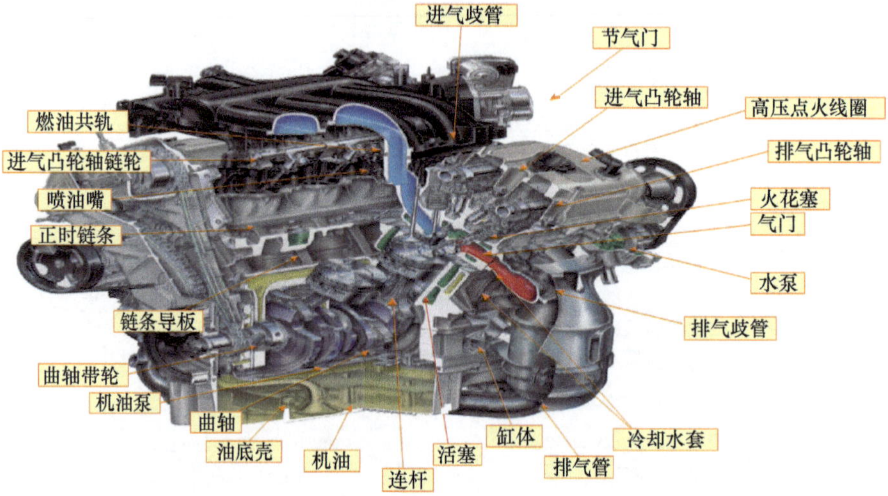

图 3-34　发动机结构

二、曲柄连杆机构

曲柄连杆机构是发动机的主要运动机构，其作用是将活塞的往复运动转变为曲轴的旋转运动，对外输出动力。曲柄连杆机构由机体组、活塞连杆组和曲轴飞轮组三部分组成，如图 3-35 所示。

1. 机体组

机体组是发动机的骨架，主要由气缸体、气缸盖、气缸盖罩、气缸垫和油底壳组成，如图 3-36 所示。

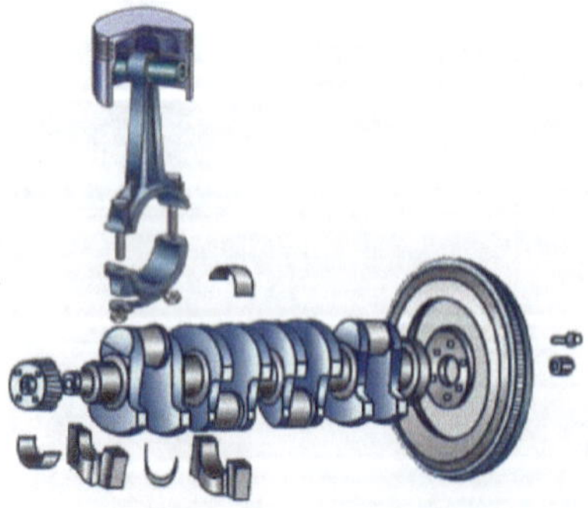

图 3-35　曲柄连杆机构

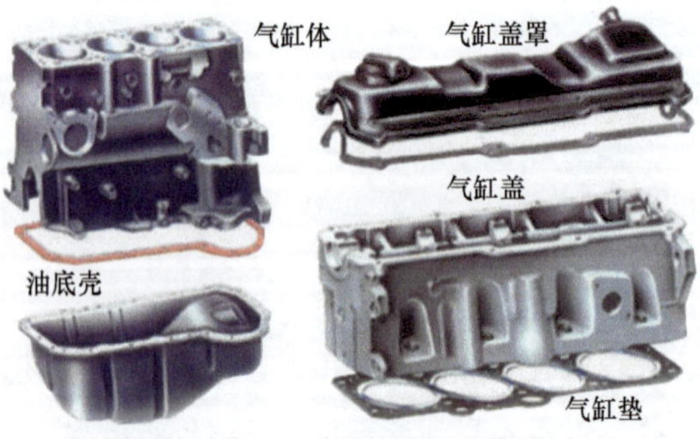

图 3-36　机体组

（1）气缸盖　气缸盖的作用是封闭气缸上部，并与活塞顶部和气缸壁一起形成燃烧室，如图3-37所示。

（2）气缸垫　气缸垫是用来保证气缸体与气缸盖结合面间的密封件，防止漏气、漏水、漏油等，如图3-38所示。

图3-37　气缸盖

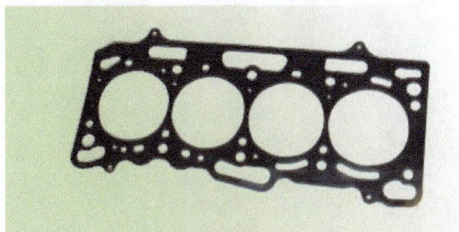

图3-38　气缸垫

（3）气缸体　气缸体是发动机各个机构和系统的装配基体，并由它来保持发动机各运动件相互之间的准确位置关系，如图3-39所示。

（4）油底壳　油底壳的作用是储存机油并封闭曲轴箱，又称为下曲轴箱，如图3-40所示。

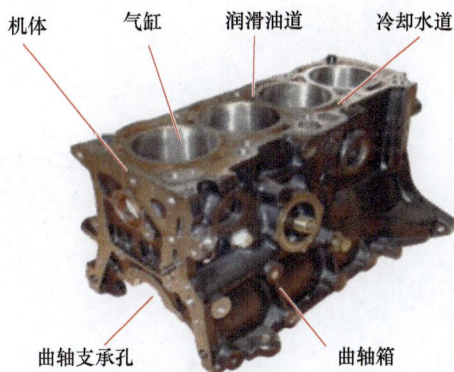

机体　气缸　润滑油道　冷却水道

曲轴支承孔　曲轴箱

图3-39　气缸体

图3-40　油底壳

（5）气缸套　气缸套由灰铸铁、球墨铸铁、合金铸铁等材料制成，如图3-41所示。

2. 活塞连杆组

活塞连杆组是由活塞、活塞环、活塞销和连杆等组成，如图3-42所示。

（1）活塞　活塞的主要功用是承受燃烧气体的压力，并将此力通过活塞销传给连杆以推动曲轴旋转。活塞可分为顶部、头部和裙部三部分，如图3-43所示。

（2）活塞环　活塞环一般用铝合金铸铁材料制造，分为气环和油环，如图3-44所示。

（3）活塞销　活塞销一般用低碳钢或低碳合金钢制造，为空心圆柱体，如图3-45所示。

图 3-41　气缸套

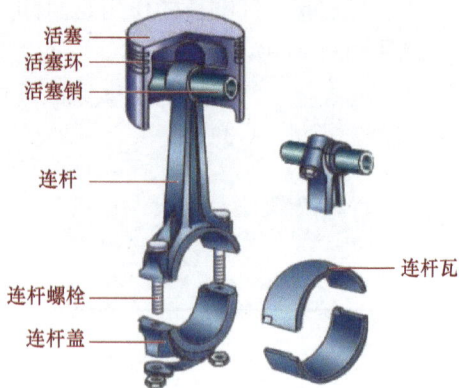

图 3-42　活塞连杆组

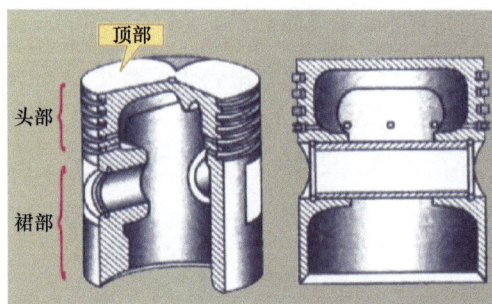

图 3-43　活塞的基本结构

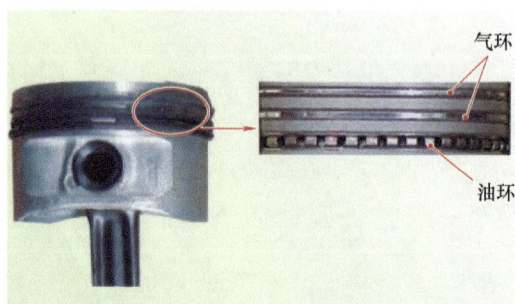

图 3-44　活塞环

（4）连杆　连杆组件主要包括连杆小头、连杆杆身和连杆大头，其中连杆大头包括连杆盖、连杆螺栓和连杆轴瓦等，如图 3-46 所示。

图 3-45　活塞销

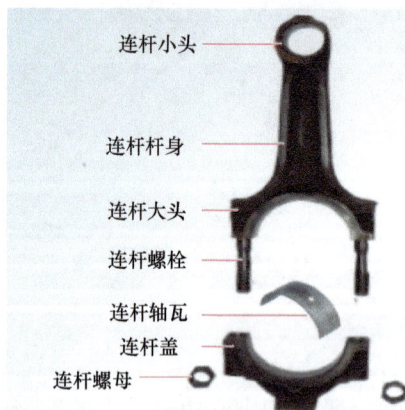

图 3-46　连杆的结构

3. 曲轴飞轮组

曲轴飞轮组主要由曲轴、飞轮、正时齿轮和曲轴带轮组成，如图 3-47 所示。

（1）曲轴 曲轴一般由前端轴、主轴颈、曲柄、平衡重、曲轴后端等组成，如图 3-48 所示。

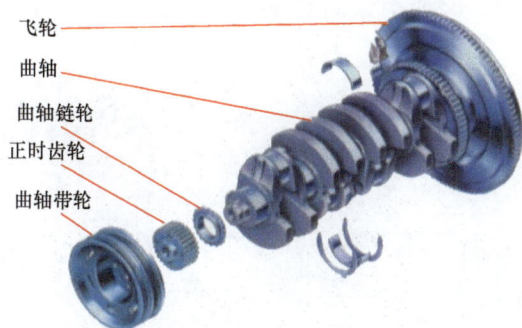

图 3-47 曲轴飞轮组结构

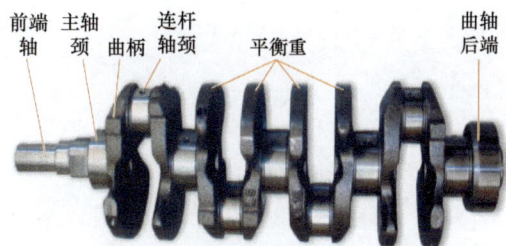

图 3-48 曲轴的结构

（2）飞轮 如图 3-49 所示，飞轮的作用是将做功行程的能量储存起来，以便克服进气、压缩和排气行程的阻力，使曲轴能匀速旋转。

图 3-49 飞轮

三、配气机构

配气机构的功用是按照发动机的工作顺序和工作循环的要求，定时开启和关闭各缸的进、排气门，使新气进入气缸，废气从气缸排出。配气机构一般由气门组和气门传动组组成，如图 3-50 所示。

1. 气门组

气门组由气门、气门座、气门弹簧、气门导管等组成，如图 3-51 所示。

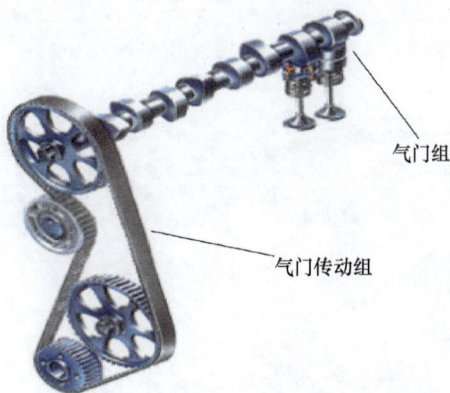

图 3-50 配气机构

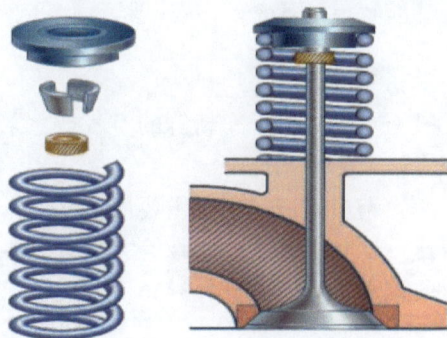

图 3-51 气门组

2. 气门传动组

气门传动组由凸轮轴、挺柱、推杆、摇臂等组成。

（1）凸轮轴 凸轮轴的作用是控制各缸气门的开启和关闭，使其符合发动机的工作顺序、配气相位以及气门开度变化规律。凸轮轴由凸轮和轴颈组成，如图 3-52 所示。

（2）挺柱　挺柱是凸轮的从动件，其功用是将来自凸轮的运动和作用力传给推杆或气门，同时还承受凸轮轴所施加的侧向力，并将其传给机体或气缸盖，如图 3-53 所示。

图 3-52　凸轮轴

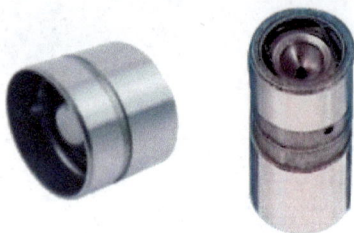

图 3-53　挺柱

（3）推杆　推杆处于挺柱和摇臂之间，其功用是将挺柱传来的运动和作用力传给摇臂，如图 3-54 所示。

（4）摇臂　摇臂是一个以摇臂轴为支点的双臂杠杆，如图 3-55 所示，其作用是改变推杆和凸轮传来的力的方向，作用到气门杆以推开气门。

图 3-54　推杆

图 3-55　摇臂

四、供给系统

1. 进气系统

（1）功用　将干净新鲜的空气或混合气导入发动机气缸。

（2）组成　进气系统主要由空气滤清器、节气门体、进气歧管、进气压力传感器等组成，如图 3-56 所示。

2. 排气系统

（1）功用　收集、净化并排放废气。

（2）组成　排气系统主要由排气歧管、排气尾管、氧传感器、三元催化转化器、消声器等组成，如图 3-57 所示。

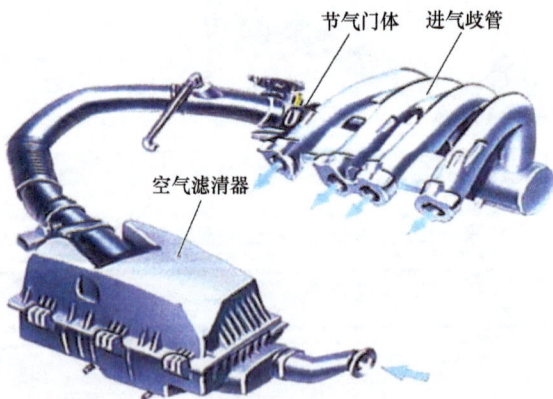

图 3-56　进气系统

3. 燃油供给系统

（1）功用　根据发动机工作需要，给发动机提供一定压力的燃油。

（2）组成　汽油机的燃油供给系统主要由燃油箱、电动燃油泵、燃油滤清器、油压调节器、喷油器、燃油分配管等组成，如图3-58所示。

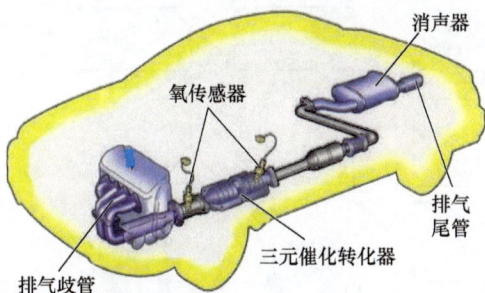

图3-57　排气系统

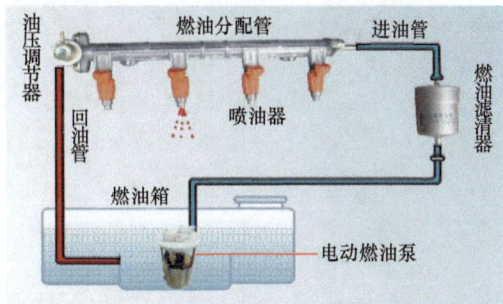

图3-58　燃油供给系统的结构

五、点火系统

1. 功用

按照各缸点火顺序，将电源的低电压变成高电压（大约$15\sim20kV$），使火花塞产生足够强的火花，点燃可燃混合气。

2. 类型

（1）蓄电池点火系统　属传统点火系统。

（2）晶体管点火系统　也叫半导体点火系统。以蓄电池、发电机为电源，借助点火线圈和晶体管元件将低压电变成高压电。

（3）微机控制的点火系统　由点火线圈和微机控制装置产生的点火信号，将电源的低压电变成高压电。它还可以进一步取消分电器，由微机系统直接进行高压电的分配，是现代最新型的无分电器点火系统。

（4）磁电机点火系统　由磁电机本身直接产生高压电，而不需要另设低压电源。

3. 微机控制点火系统

微机控制点火系统一般由电源、点火开关、传感器、电控单元（ECU）、点火控制器、点火线圈、火花塞等组成，如图3-59所示。

（1）电源　蓄电池或发电机，其作用是为点火系统提供低电压。

（2）点火开关　控制点火系统初级电路。

（3）传感器　检测与点火有关的发动机工况信息，并将检测结果输入ECU，作为计算和控制点火时刻的依据。

（4）电控单元（ECU）　点火控制系统的核心，通过运算向点火控制器发出最佳点火提前角和点火线圈初级电路导通时间的控制信号，如图3-60所示。

（5）点火控制器　将电控系统输出的点火信号进行功率放大，驱动点火线圈工作。

（6）点火线圈　将电源提供的低电压转变为$15\sim20kV$的高电压，如图3-61所示。

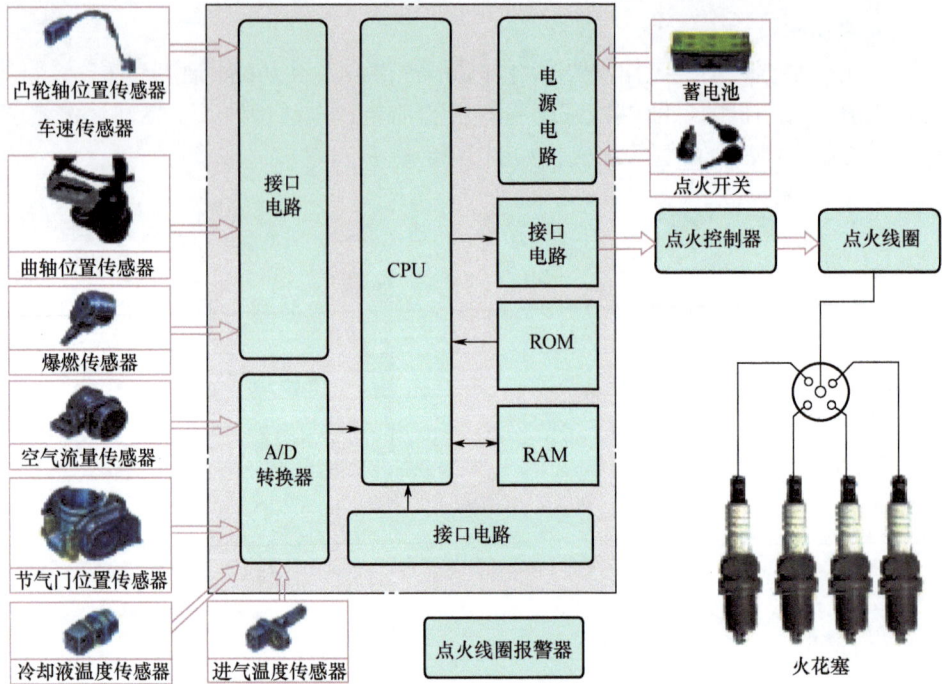

图 3-59　微机控制点火系统组成

(7) 火花塞　将高压电引入气缸燃烧室产生电火花，点燃可燃混合气。

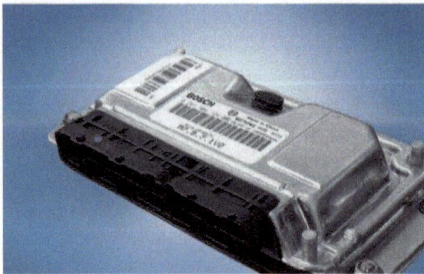

图 3-60　电控单元

图 3-61　点火线圈

六、润滑系统

1. 功用

润滑系统的功用就是在发动机工作时连续不断地将数量足够、压力和温度适当的洁净机油输送到全部运动副的摩擦表面，并在摩擦表面之间形成油膜，实现油膜摩擦，从而减小摩擦阻力、降低功率消耗、减轻机件磨损，以达到提高发动机工作可靠性和耐久性的目的。此外，流动的机油还能起到清洁、吸热、密封、减振、降噪、防锈等功能。

2. 组成

润滑系统一般由集滤器、机油泵、机油滤清器、机油尺、油道、机油压力传感器等组成，如图 3-62 所示。

3. 润滑方式

润滑方式主要有压力润滑、飞溅润滑和润滑脂润滑三种。

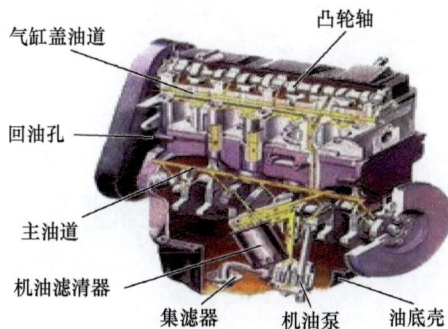

图 3-62　润滑系统的组成

七、冷却系统

1. 功用

发动机冷却系统的作用就是使发动机得到适度的冷却，从而保持在最适宜的温度范围内工作。冷却系统除了要防止发动机过热，也要防止冬季发动机过冷。发动机的正常工作温度以冷却液温度 80~95℃ 为最佳。

小知识

发动机过热的危害：1. 充气效率低，早燃和爆燃易发生，发动机功率下降。
　　　　　　　　　2. 运动机件易损坏。
　　　　　　　　　3. 机油黏度减小，机油膜易破裂，加剧零部件磨损。
发动机过冷的危害：1. 燃烧困难，功率低、油耗高。
　　　　　　　　　2. 机油黏度增大，零部件磨损。
　　　　　　　　　3. 燃油凝结而流入曲轴箱，增加油耗，且机油变稀，从而导致功率下降，磨损增加。

---

2. 分类

（1）**风冷却系统**　冷却的介质是空气，利用气流使散热片的热量散到大气中，如图 3-63 所示。

（2）**水冷却系统**　发动机的水冷系统均为强制循环水冷系统，即利用水泵提高冷却液的压力，强制冷却液在发动机中循环流动。冷却介质是冷却液，通过冷却液的不断循环，从发动机中吸收多余的热量，并经散热器散发到大气中。尤其是轿车发动机大都采用水冷却系统。该系统主要包括水泵、散热器、散热风扇、冷却液管、膨胀水箱、节温器、冷却液温度表等，如图 3-64 所示。

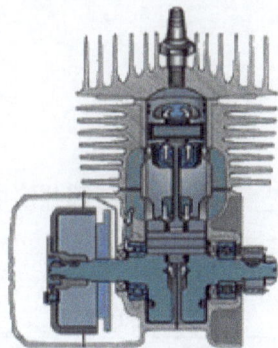

图 3-63　风冷却系统

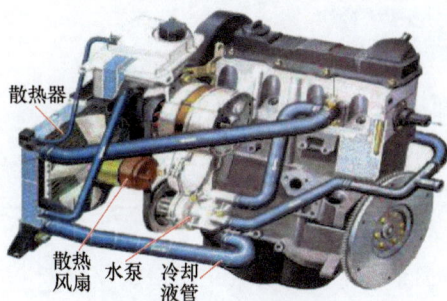

图 3-64　水冷却系统

小知识

冷却液是水与防冻剂的混合物。冷却液用水最好是软水，否则会在发动机水套和水管内产生水垢，阻碍冷却液流动，使发动机过热。冷却液一般呈深绿色或者深红色，有一定的毒性，使用时应注意。

八、起动系统

1. 功用

起动系统的作用是通过起动机将蓄电池的电能转换成机械能，起动发动机运转。

2. 起动系统的组成

起动系统主要由蓄电池、点火开关、起动继电器、起动机等组成，如图 3-65 所示。

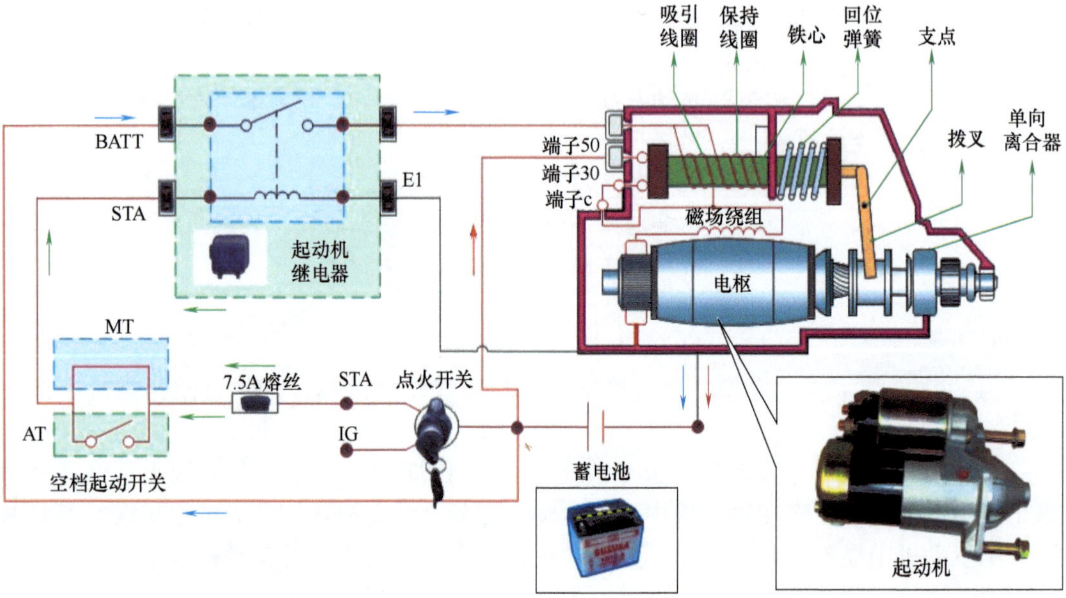

图 3-65　发动机起动系统

课堂问答

根据知识课堂的内容完成下列各项任务。

1）曲柄连杆机构由____________、____________、____________三部分组成。

2）气门传动组由____________、____________、____________、____________等组成。

3）冷却系统的冷却方式可以分为____________和____________两种。

4）简述汽油发动机的燃油供给油路路线。

课堂互动

1. 小组评价（见表3-4，50分）

表3-4 小组评价表

考核项目	考核内容	评分标准	配分	扣分	得分
曲柄连杆机构	1. 认知机体组的组成 2. 认知活塞连杆组组成部件 3. 认知曲轴飞轮组	某项不符合 要求不给分	5分		
配气机构	1. 认知气门组的组成及位置 2. 认知气门传动组的组成及位置 3. 认知凸轮轴的布置形式	某项不符合 要求不给分	5分		
进排气系统	1. 认知空气滤清器 2. 认知节气门体 3. 认知进气歧管 4. 认知排气歧管 5. 认知三元催化转化器 6. 认知消声器	某项不符合 要求不给分	10分		
燃油供给系统	1. 认知燃油箱 2. 认知燃油泵 3. 认知进出油管 4. 认知燃油压力调节器 5. 认知燃油分配管 6. 认知燃油滤清器	某项不符合 要求不给分	10分		
点火系统	1. 认知蓄电池 2. 认知点火开关 3. 认知点火线圈 4. 认知火花塞	某项不符合 要求不给分	5分		
润滑系统	1. 认知机油泵位置 2. 认知集滤器位置 3. 认知机油滤清器、机油尺位置 4. 认知加机油口位置	某项不符合 要求不给分	5分		
冷却系统	1. 认知发动机的冷却方式 2. 认知散热器位置 3. 认知气缸体、气缸盖水套 4. 认知水泵位置 5. 认知进出水管位置	某项不符合 要求不给分	5分		
起动系统	1. 认知电源位置 2. 认知起动机位置 3. 认知起动继电器位置	某项不符合 要求不给分	5分		

2. 教师总体评价（50 分）

任务四　汽车底盘结构的认知

任务目标

1. 认识传动系统的结构组成。
2. 认识行驶系统的结构组成。
3. 认识转向系统的结构组成。
4. 认识制动系统的结构组成。

知识课堂

一、汽车底盘概述

1. 底盘的组成

汽车底盘主要由传动系统、行驶系统、转向系统和制动系统组成，如图 3-66 所示。

2. 驱动形式

所谓驱动形式，是指发动机的布置方式以及驱动轮的数量、位置的形式。

现在乘用车的驱动形式有前置前驱（FF）、前置后驱（FR）、前置四驱、中置后驱（MR）、中置四驱、后置后驱（RR）、后置四驱。

图 3-66　汽车底盘

（1）前置前驱　前置前驱即发动机前置、前轮驱动（Front engine Front drive，简称 FF），如图 3-67 所示，这是绝大多数轿车上比较盛行的驱动形式，但货车和大客车基本上不采

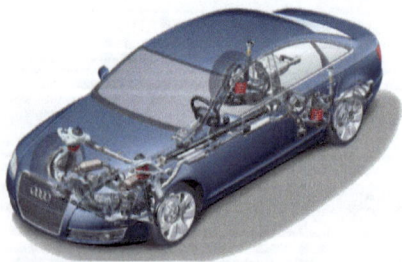

用该形式。这种驱动形式目前主要用在发动机排量为 2.5L 以下的乘用车。

📚 **小知识**

前置前驱轿车的布局一般都是将发动机横向布置，与设计紧凑的驱动桥相连。

1. 优点：

车重减轻，结构紧凑；驾驶室更为宽敞；动力传递效率高，燃油经济性好；提高了操纵的稳定性；简化了后悬架系统；有利于保证方向稳定性；发动机散热条件好；有足够大的行李舱空间。

2. 缺点：

牵引力下降；制造成本高、维修保养困难；前轮工作条件恶劣，轮胎寿命短；前轮驱动机构制造工艺较为复杂；发生正面碰撞事故，维修费用高。

(2) 前置后驱　即发动机前置、后轮驱动（Front engine Rear drive，简称 FR），如图 3-68 所示，这是一种最传统的驱动形式。国内外大多数货车、部分轿车（尤其是高级轿车）和部分客车都采用这种驱动形式，但采用该形式的小型车则很少。

图 3-67　前置前驱

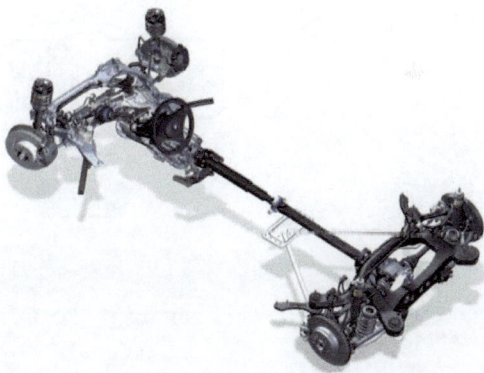

图 3-68　前置后驱

📚 **小知识**

1. 优点：

牵引性能比前置前驱形式优越；有良好的操纵稳定性和行驶平顺性；简化了操纵机构的布置；转向机构结构简单、便于维修。

2. 缺点：

传动效率低，燃油经济性差；驾驶室空间减小；后轮推动车身，易发生甩尾现象。

3. 代表车型：

丰田锐志、宝马 3 系、奔驰 C 级、法拉利 599 等，如图 3-69 所示。

图 3-69　前置后驱车型

（3）前置四驱　前置四驱是指汽车发动机前置，并且是四轮驱动，如图 3-70 所示，多用于高性能轿车或者 SUV。

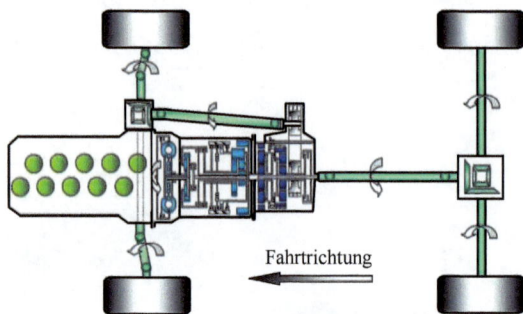

Fahrtrichtung

图 3-70　前置四驱

📚 小知识

代表车型：

日产 GTR、奥迪 A6L 3.0T、奥迪 Q7、奔驰 ML 级等，如图 3-71 所示。

图 3-71　前置四驱车型

项目三　汽车结构的认知

（4）**中置后驱** 中置后驱即发动机中置、后轮驱动（Middle engine Rear drive，简称 MR），发动机置于座椅之后、后轴之前，大多数高性能跑车和超级跑车都采用这种形式。

📚 **小知识**

1. 优点：

可获得最佳的轴荷分配，操纵稳定性和行驶平顺性较好；发动机临近驱动桥，无须传动轴，从而减轻车重，具有较高的传动效率；重量集中，车身平摆方向的惯性力矩小，转弯时，转向盘操作灵敏，运动性好。

2. 缺点：

发动机的布置占据了车厢和行李舱的一部分空间，通常车厢内只能安放 2 个座椅；对发动机的隔音和绝热效果差，乘坐舒适性有所降低。

3. 代表车型：

法拉利 458、兰博基尼盖拉多 LP550-2、帕加尼 Zonda、保时捷 Carrera GT 等，如图 3-72 所示。

图 3-72 中置后驱车型

（5）**中置四驱** 中置四驱即发动机中置、四轮驱动，与中置后驱一样，高性能跑车和超级跑车都采用这种形式。

📚 **小知识**

代表车型：

兰博基尼 Muecielago、奥迪 R8、布加迪威航、兰博基尼盖拉多 LP560-4 等，如图 3-73 所示。

图 3-73 中置四驱车型

图 3-73　中置四驱车型（续）

（6）后置后驱　后置后驱即发动机后置、后轮驱动（Rear engine Rear drive，简称 RR），是目前大、中型客车流行的布置形式，而现代乘用车采用后置发动机的仅有保时捷 911 系列和 Smart fortwo，如图 3-74 所示。

图 3-74　后置后驱车型

（7）后置四驱　后置四驱即发动机后置、四轮驱动，目前采用后置四驱的乘用车仅有保时捷 911 Carrera 4/4S，如图 3-75 所示。

二、传动系统

1. 传动系统的组成

汽车发动机与驱动轮之间的动力传递装置称为汽车的传动系统，如图 3-76 所示。传动系统由离合器、变速器、变速器换档杆、万向传动装置、驱动桥等组成如图 3-77 所示。

图 3-75　后置四驱车型

图 3-76　传动系统

2. 离合器

（1）离合器的功用　离合器安装在发动机与变速器之间，是汽车传动系统中直接与发动机相联系的总成件。它的作用是使发动机与变速器之间能逐渐接合，从而保证汽车平稳起步；暂时切断发动机与变速器之间的联系，以便于换档和减少换档时的冲击；当汽车紧急制动时能起分离作用，防止变速器等传动系统过载，从而起到一定的保护作用。

（2）离合器的分类

1）摩擦离合器。如图3-78所示，它主要由主动部分、从动部分、压紧机构和操纵机构四部分组成。

图 3-77　传动系统的组成

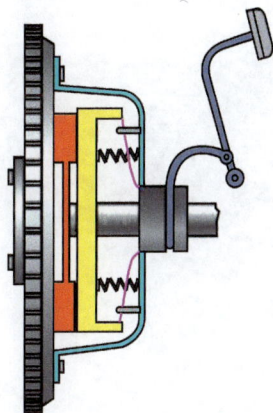

图 3-78　摩擦离合器

2）液力离合器。液力离合器用流体（一般用油）作传动介质，如图3-79所示，与机械式离合器相比，除传动特性有各种变化以外，还主要吸收因主动轴和从动轴转动而产生的振动和冲击。

3）电磁离合器。如图3-80所示，靠线圈的通断电来控制离合器的接合与分离。在主动件与从动件之间放置磁粉，可以加强两者之间的接合力，这样的离合器也称为磁粉式电磁离合器。

图 3-79　液力离合器

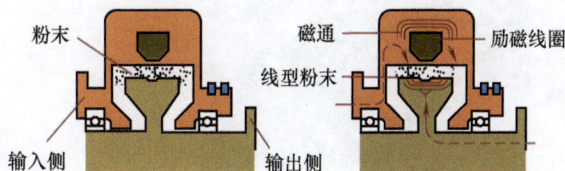

图 3-80　电磁离合器

3. 变速器

（1）变速器的作用

1）改变传动比，扩大驱动轮转矩和转速的变化范围，以适应复杂变化的路况条件，如起步、加速、上坡等，同时使发动机在有利的工况下工作。

2）提供倒档，在保证发动机工作的旋转方向不变的情况下使汽车能倒退行驶。

3）利用空档，中断动力传递，以使发动机能够起动、急速、便于变速换档或进行动力输出。

(2) 变速器的分类

1) 手动变速器。如图 3-81 所示，是汽车变速器中最基本的一种类型，其作用是改变传动比。手动变速器按变速轴的数目可分为两轴式和三轴式。

2) 自动变速器。如图 3-82 所示，是指在汽车行驶过程中，变速器的操纵和换档全部或者部分实现自动化控制的变速器。自动变速器按变速机构的不同可分为行星齿轮式、平行轴式、无级变速器三类。

图 3-81　手动变速器

图 3-82　自动变速器

4. 变速器变速杆

(1) 手动变速器变速杆　如图 3-83 所示，分别为前进 1 档、2 档、3 档、4 档、5 档和倒档 R。

(2) 自动变速器变速杆　如图 3-84 所示，分别为 P 位-驻车档、R 位-倒档、N 位-空档、D 位-前进档。

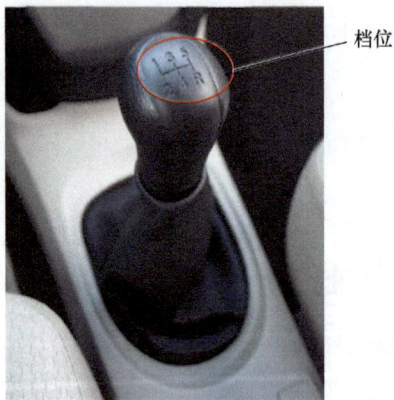

图 3-83　手动变速器变速杆

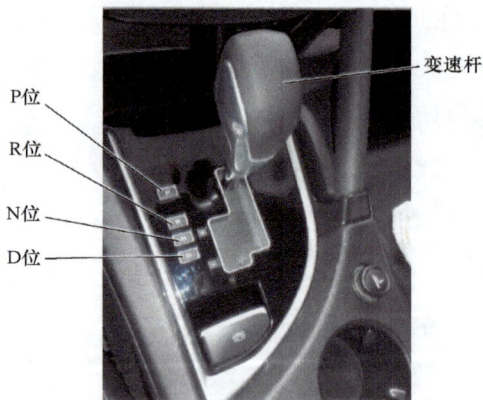

图 3-84　自动变速器变速杆

5. 万向传动装置

(1) 万向传动装置的组成和作用　如图 3-85 所示，一般由万向节和传动轴组成，有时还需加装中间支撑，其作用是实现汽车上任何一对轴线相交且相对位置经常变化的转轴之间的动力传递。

(2) 万向节　如图 3-86 所示，是实现变角度动力传递的机件，它是汽车传动系统的

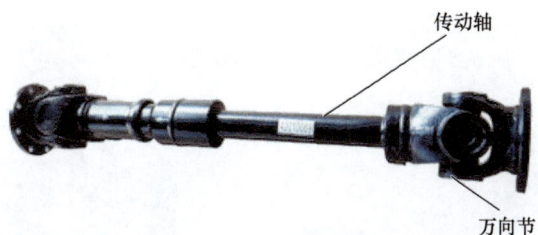

传动轴

万向节

图 3-85　万向传动装置

万向传动装置的"关节"部，与传动轴组成万向传动装置。

（3）传动轴　传动轴是一个高转速、少支撑的旋转体，因此它的动平衡至关重要。一般传动轴在出厂前都要进行动平衡试验，并在平衡机上进行了调整。

6. 驱动桥

（1）驱动桥的作用　如图 3-87 所示，安装在动力传递的末端，将万向传动装置传来的发动机动力减速增矩后分配到驱动车轮。

图 3-86　万向节

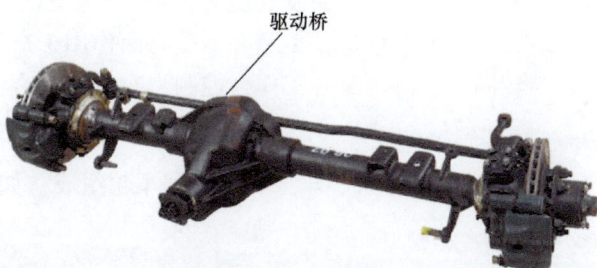

驱动桥

图 3-87　驱动桥

（2）驱动桥的组成　如图 3-88 所示，驱动桥由主减速器、差速器、半轴和驱动桥壳等组成。

主减速器

差速器

半轴

驱动桥壳

图 3-88　驱动桥的组成

（3）驱动桥的分类　驱动桥按结构形式一般分为非断开式和断开式两种，如图 3-89 和图 3-90 所示。

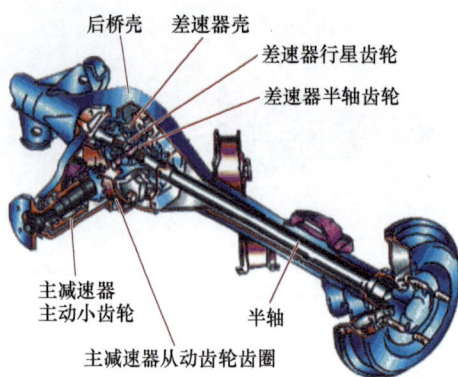

图 3-89　非断开式驱动桥

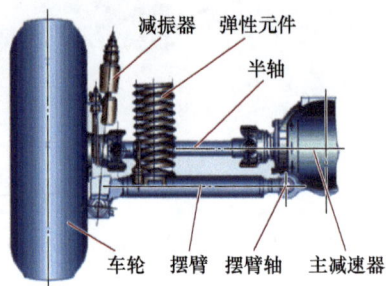

图 3-90　断开式驱动桥

三、行驶系统

1. 行驶系统的功用

1）接受传动系统传来的发动机的转矩并产生驱动力。

2）承受汽车的总重量，传递并承受路面作用于车轮上的各个方向的反力及转矩。

3）与转向系统协调配合工作，控制汽车的行驶方向。

2. 行驶系统的组成

行驶系统一般由悬架、车架、车桥和车轮组成，如图 3-91 所示。

3. 悬架

（1）悬架的作用　如图 3-92 所示，是汽车车架与车桥或车轮之间的一切传力连接装置的总称。其作用是传递作用在车轮和车架之间的力和力矩，并且缓冲由不平路面传给车架或车身的冲击力，并衰减由此引起的振动，以保证汽车能平顺地行驶。

图 3-91　行驶系统

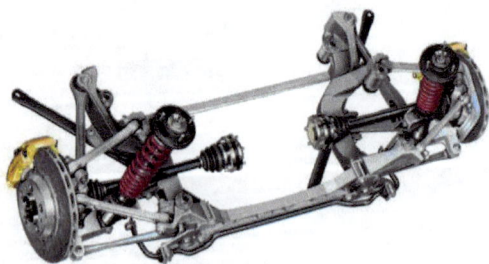

图 3-92　悬架

（2）悬架的组成　如图 3-93 所示，悬架由弹性元件、减振器和导向机构（横向稳定杆、摆臂、纵向推力杆）等组成。

1）弹性元件。弹性元件主要有螺旋弹簧、钢板弹簧等，如图 3-94 和图 3-95 所示。

图 3-93 悬架的组成

图 3-94 螺旋弹簧

图 3-95 钢板弹簧

2）减振器。如图 3-96 所示，用来衰减由弹性元件引起的振动，减振器在车上与弹性元件并联安装。

3）导向机构。如图 3-97 所示，是传力机构，其作用一是传递各个方向的力和力矩；二是使车轮按一定的轨迹相对于车架和车身跳动。

图 3-96 减振器

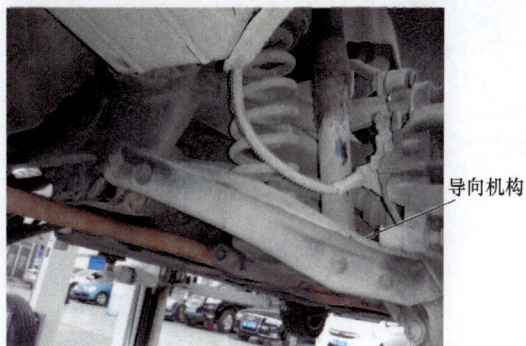

图 3-97 导向机构

4）横向稳定杆。用于防止车身在转向等情况下发生过大的横向倾斜，如图 3-98 所示。

（3）悬架的分类

1）非独立悬架。非独立悬架又称为整体式悬架，两侧车轮由一根整体式车桥相连，左右轮运动相互影响，容易产生颤动摇摆现象，一般用于轿车的后悬架，如图 3-99 所示。

图 3-98　横向稳定杆

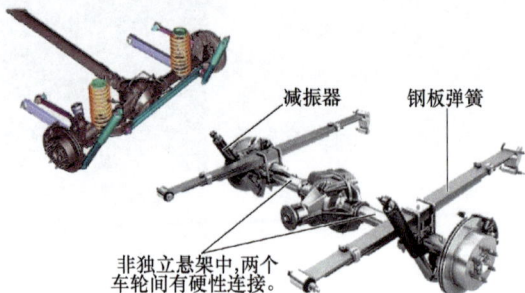

图 3-99　非独立悬架

2）独立悬架。独立悬架采用的车桥为断开式的，两侧的车轮分别独立地与车架或车身弹性连接，当一侧的车轮受到冲击时，不会影响到另一侧的车轮，如图 3-100 所示。

4. 车架

（1）车架的作用　车架就是支撑车身的基础构件，一般称为底盘大梁架。

（2）车架的分类

1）边梁式车架。边梁式车架由两根位于两边的纵梁和若干横梁组成，如图 3-101 所示。

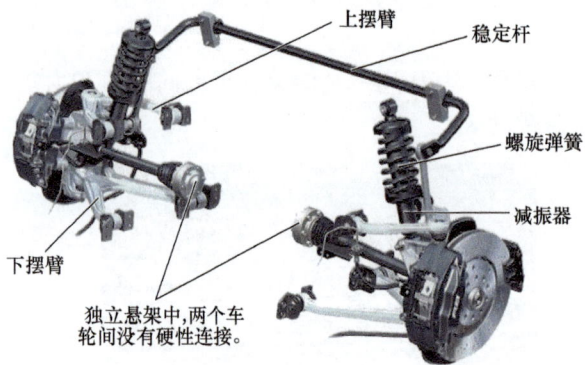

图 3-100　独立悬架

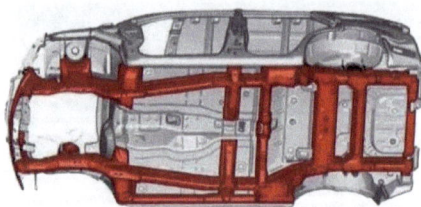

图 3-101　边梁式车架

2）中梁式车架。中梁式车架只有一根位于中央的纵梁，如图 3-102 所示。

3）综合式车架。前部是边梁式，后部是中梁式，如图 3-103 所示。

4）无梁式车架。无梁式车架是以车身兼代车架，所有的总成和零部件都安装在车身上，作用于车身的各种力矩都由车身承受，也叫承载式车身，如图 3-104 所示。

5. 车桥

（1）车桥的组成及作用　如图 3-105 所示，通过悬架与车架相连，两端安装车轮，其作用是传递车架与车轮之间各方向的作用力。

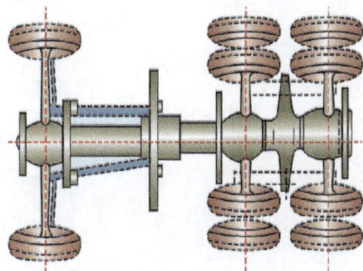

图 3-102　中梁式车架

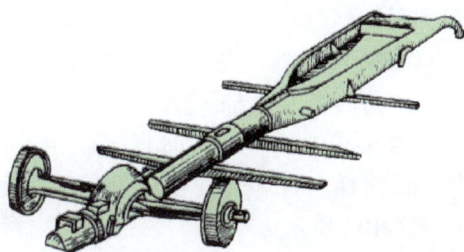

图 3-103　综合式车架

图 3-104　无梁式车架

车桥

图 3-105　车桥

（2）车桥的分类

1）按位置分为前桥和后桥。

2）按驱动方式分为转向桥、驱动桥、转向驱动桥和支持桥。

6. 车轮和轮胎

（1）车轮　车轮是介于轮胎和和车轴之间所承受负荷的旋转组件，如图 3-106 所示。

（2）轮胎　轮胎是在各种车辆或机械上装配的接地滚动的圆环形弹性橡胶制品，如图 3-107 所示。

图 3-106　车轮

图 3-107　轮胎

四、转向系统

1. 转向系统的作用

用来改变或保持汽车行驶或倒退方向的一系列装置称为汽车转向系统。

2. 转向系统的分类

（1）机械转向系统　主要由转向操纵机构（转向盘、转向盘柱）、转向器和转向传动机构（转向摇臂、转向直拉杆、转向节臂、转向梯形臂和转向横拉杆等）组成，如图3-108所示。

（2）动力转向系统　动力转向系统（图3-109）是在机械式转向系统的基础上增加了一套液压助力装置，动力转向系统可分为液压式和气压式，液压式助力转向系统由转向盘、转向柱、动力转向器、转向油泵、储液罐和油管等组成，如图3-110所示。

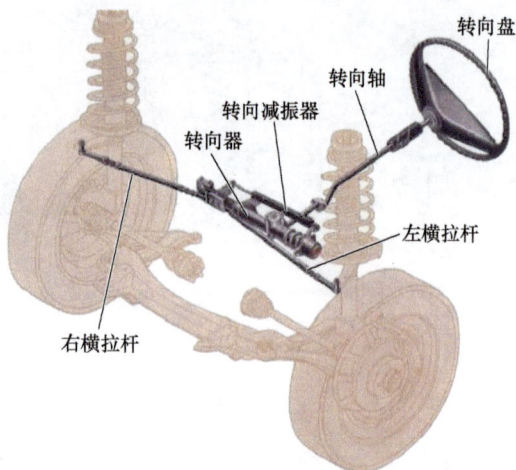

图 3-108　机械转向系统

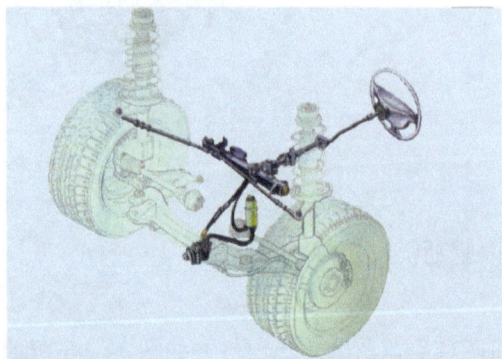

图 3-109　动力转向系统

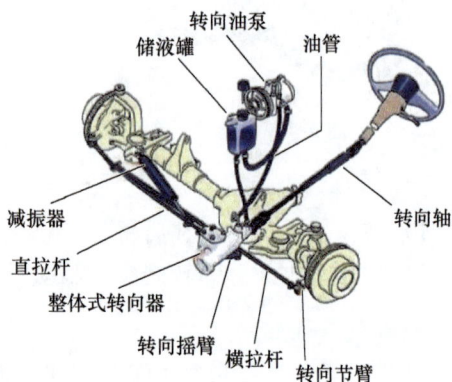

图 3-110　液压助力式转向系统

五、制动系统

1. 制动系统的作用

1）行驶中需要减速或在最短距离内停车。

2）下坡行驶时限制车速。

3）使汽车可靠地停放在原地（包括坡道）保持不动。

2. 制动系统的组成

制动系统一般至少装有两套各自独立的系统，一套是行车制动装置，一套是驻车制动装置。

两套制动装置（图3-111）都由制动器和制动操纵机构两部分组成。

任何制动系统都由供能装置、控制装置、传动装置、制动器四个基本部分组成。

3. 制动系统的分类

（1）按功能分类

1）行车制动系统：使行驶中的汽车减速或停车。

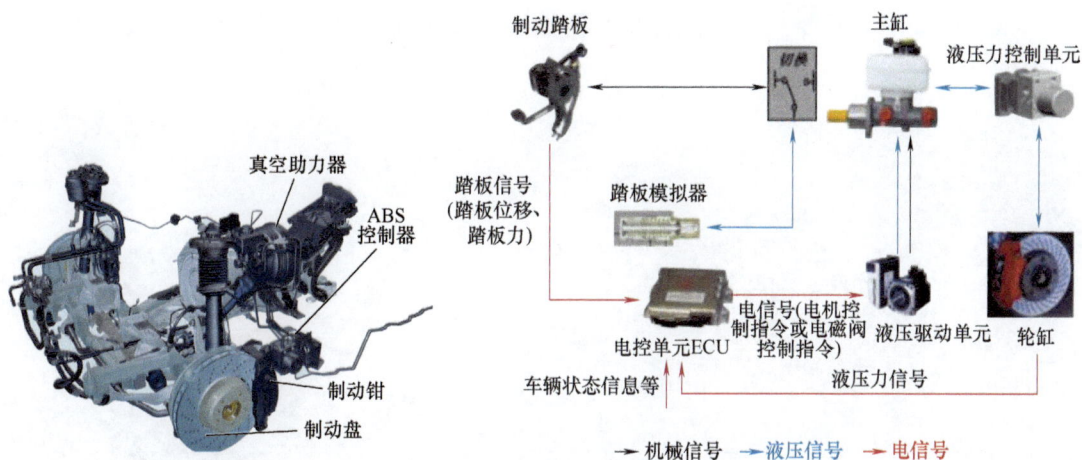

图 3-111　制动系统

2）驻车制动系统：使汽车停在各种路面驻留原地。

3）应急制动系统：在行车制动系统失效后使用的制动系统。

4）辅助制动系统：增设的制动装置，以适应山区行驶及特殊用途汽车需要。

（2）按制动能源分类

1）人力制动系统：以人力为唯一能源。

2）动力制动系统：以发动机动力转化为液压或气压制动。

3）伺服制动系统：兼用人力和发动机制动。

（3）按制动回路分类

1）单回路：全车制动用一条制动回路。

2）双回路：全车制动用两条制动回路。

（4）按能量传输方式分类

1）机械系统：以机械传输制动能量。

2）液压系统：以液压传输制动能量。

3）气压系统：以气压传输制动能量。

4）电磁系统：以电磁力传输制动能量。

5）组合系统：多种传输制动能量综合。

4. 制动器

（1）盘式制动器　由制动盘和制动钳组成，如图 3-112 所示。

（2）鼓式制动器　由制动底板、制动轮缸（或凸轮）、制动器及制动

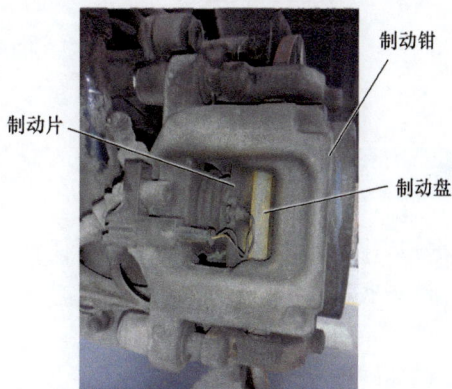

图 3-112　盘式制动器

鼓等组成，如图 3-113 所示。

（3）**制动助力系统** 进气歧管真空器被用作动力制动系统的助力器，如图 3-114 所示。

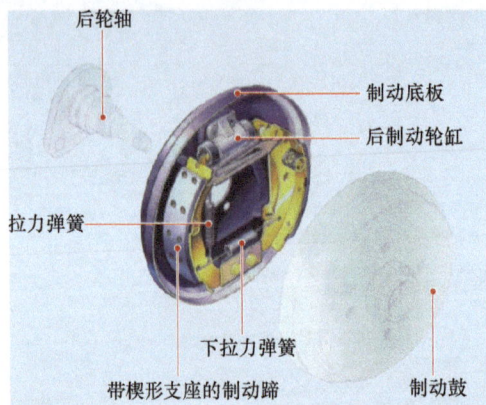

图 3-113　鼓式制动器

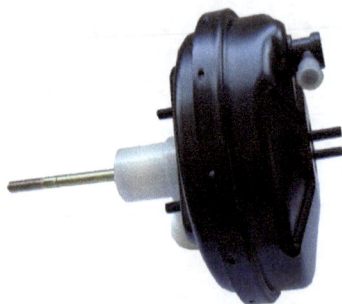

图 3-114　真空助力器

（4）**ABS** "ABS"中文译为"防抱死制动系统"，它是一种具有防滑、防抱死等优点的汽车安全控制系统，如图 3-115 所示。

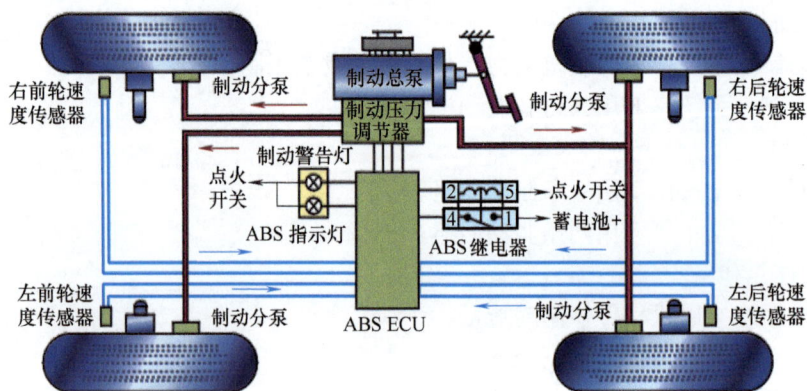

图 3-115　ABS

课堂问答

根据知识课堂的内容完成下列各项任务。

1）汽车底盘由_____、_____、_____和_____组成。

2）传动系统由_____、_____、_____和_____组成。

3）简述转向系统的组成。

4）简述行驶系统的组成。

5）简述制动系统的组成。

课堂互动

1. 小组评价（见表3-5，50分）

表3-5　小组评价表

考核项目	考核内容	评分标准	配分	扣分	得分
传动系统的认知	1. 传动系统的组成 2. 传动系统的作用	某项不符合要求不给分	15分		
转向系统的认知	1. 转向系统的组成 2. 转向系统的作用	某项不符合要求不给分	15分		
行驶系统的认知	1. 行驶系统的组成 2. 行驶系统的作用	某项不符合要求不给分	15分		
制动系统的认识	1. 制动系统的组成 2. 制动系统的作用	某项不符合要求不给分	5分		

2. 教师总体评价（50分）

任务五　汽车仪表、灯光、电气开关的认知

任务目标

1. 汽车仪表的认知。
2. 汽车灯光及灯光手势的认知。
3. 汽车驾驶室内电气开关的认知。

知识课堂

一、汽车仪表的认知

1. 汽车仪表的作用

驾驶人能通过汽车仪表的工作状况,随时了解各系统的工作情况。

2. 汽车仪表的组成

汽车仪表主要由冷却液温度表、燃油表、机油压力表、车速里程表、转速表及各种指示灯组成,如图 3-116 所示。

(1) 冷却液温度表　用来显示发动机冷却液的工作温度,如图 3-117 所示。

(2) 燃油表　用来指示燃油箱内燃油的储存量,如图 3-118 所示。

图 3-116　汽车仪表

图 3-117　冷却液温度表

图 3-118　燃油表

(3) 机油压力表　用来指示发动机润滑系统机油压力的大小,如图 3-119 所示。

(4) 车速里程表　如图 3-120 所示,用来指示汽车行驶速度和累计行驶里程数的仪表,由车速表和里程表两部分组成。

(5) 转速表　用于指示发动机的运转速度,如图 3-121 所示。

图 3-119　机油压力表

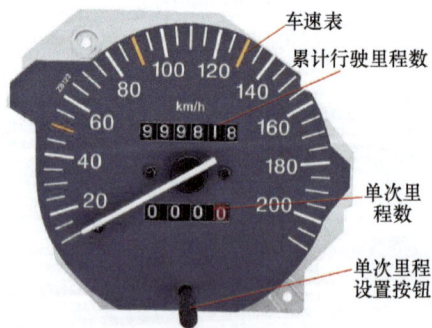

图 3-120　车速里程表

3. 汽车报警装置

报警装置主要由警告灯、指示灯组成,如图 3-122 所示。

图 3-121　发动机转速表

图 3-122　仪表警告灯和指示灯

小知识

常见警告灯如下：

车门状态指示灯：显示车门是否完全关闭的指示灯，车门打开或未能关闭时，相应的指示灯亮起，提示车主车门未关好，车门关闭后熄灭。

驻车指示灯：驻车制动（即手刹）拉起时，此灯点亮。驻车制动被放下时，该指示灯自动熄灭。在有的车型上，制动液不足时此灯会亮。

蓄电池指示灯：显示蓄电池工作状态的指示灯。打开点火开关后亮起，发动机起动后熄灭。如果不亮或常亮不灭应立即检查发电机及电路。

制动盘指示灯：显示制动片磨损情况的指示灯。正常情况下此灯熄灭，点亮时提示车主应及时更换故障或磨损过度制动片，修复后熄灭。

机油指示灯：显示发动机机油压力的指示灯，此灯亮起时表示润滑系统失去压力，可能有渗漏，此时需立即停车关闭发动机进行检查。

冷却液温度指示灯：显示发动机冷却液温度过高的指示灯，此灯点亮报警时，应即时停车并关闭发动机，待冷却至正常温度后再继续行驶。

安全气囊指示灯：显示安全气囊工作状态的指示灯，打开点火开关后点亮，约 3~4s 后熄灭，表示系统正常，不亮或常亮表示系统存在故障。

ABS 指示灯：打开点火开关后点亮，3～4s 后熄灭，表示系统正常。不亮或长亮则表示系统故障，此时可以继续低速行驶，但应避免紧急制动。

发动机自检灯：发动机工作状态的指示灯，打开点火开关后点亮，约 3～4s 后熄灭，发动机正常。不亮或长亮表示发动机故障，需及时进行检修。

燃油指示灯：提示燃油不足的指示灯，该灯亮起时，表示燃油即将耗尽，一般从该灯亮起到燃油耗尽之前，车辆还能行驶约 50km。

清洗液指示灯：显示风窗玻璃清洗液存量的指示灯，如果清洗液即将耗尽，该灯点亮，提示车主及时添加清洗液。添加清洗液后，指示灯熄灭。

电子加速踏板指示灯：此灯多见于大众车型，车辆开始自检时，EPC 灯会点亮数秒，随后熄灭，出现故障，本灯亮起，应及时进行检修。

前后雾灯指示灯：用来显示前后雾灯的工作状况，前后雾灯接通时，两灯点亮，图中左侧的是前雾灯显示，右侧为后雾灯显示。

转向指示灯：转向灯亮时，相应的转向灯按一定频率闪烁。按下双闪警示灯按键时，两灯同时亮起，转向灯熄灭后，指示灯自动熄灭。

远光指示灯：显示前照灯是否处于远光状态，通常的情况下该指示灯为熄灭状态，在远光灯接通和使用远光灯瞬间点亮功能时亮起。

安全带指示灯：显示安全带状态的指示灯，按照车型不同，灯会亮起数秒进行提示，或者直到系好安全带才熄灭，有的车还会有声音提示。

O/D 档指示灯：用来显示自动档的 O/D 档（Over-Drive）的工作状态，当 O/D 档指示灯闪亮，说明 O/D 档已锁止。

内循环指示灯：该指示灯是用来显示车辆空调系统的工作状态，平时为熄灭状态。当打开内循环按钮，车辆关闭外循环时，该指示灯自动点亮。

示宽指示灯：用来显示车辆示宽灯的工作状态，平时为熄灭状态，当示宽灯打开时，该指示灯随即点亮。

VSC指示灯：用来显示车辆VSC（电子车身稳定系统）的工作状态，多出现在日系车上。当该指示灯点亮时，说明VSC系统已被关闭。

TCS指示灯：用来显示车辆TCS（牵引力控制系统）的工作状态，多出现在日系车上。当该指示灯点亮时，说明TCS系统已被关闭。

二、汽车灯光的认知

汽车灯光主要由外部照明、内部照明、灯光信号系统组成。

（1）外部照明　汽车外部照明主要由前照灯、雾灯和牌照灯组成。

1）前照灯。俗称大灯，安装在汽车头部的两侧，如图3-123所示，主要用于夜间行车道路照明；远近光的变换，在超车时告知对方车辆避让。

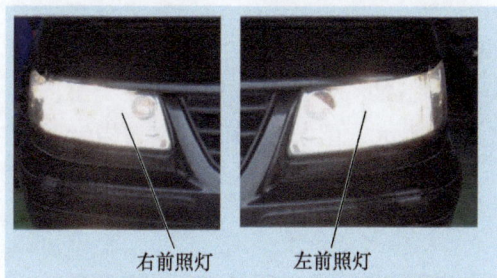

图3-123　前照灯

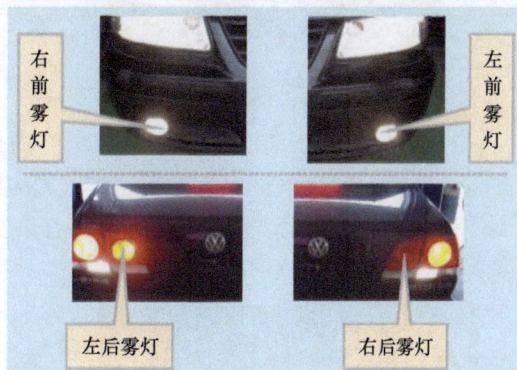

图3-124　雾灯

2）雾灯。雾灯（图3-124）位于汽车头部，在雾天、雨雪天或尘埃弥漫的情况下，用来改善车前道路的照明，前雾灯灯光为黄色，45W；后雾灯灯光为红色，6W或21W。

3）牌照灯。安装于汽车尾牌照的上方，如图3-125所示，用于夜间照亮汽车牌照，灯光为白色，功率为5～10W。

(2) 内部照明

1) 阅读灯。安装于乘员前部或顶部，如图 3-126 所示，聚光时不会给驾驶人产生炫目的感觉，照明范围小，有的还有方向调节机构。

图 3-125　牌照灯

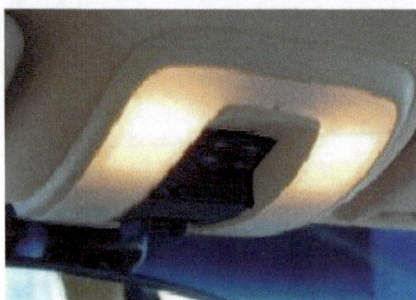

图 3-126　阅读灯

2) 行李舱灯。安装于行李舱内，如图 3-127 所示，当打开行李舱盖时，自动点亮，照亮行李舱，功率一般为 5W。

3) 顶灯。安装在驾驶室的顶部，如图 3-128 所示，用于驾驶室内部照明和监视车门是否可靠关闭，灯光为白色，功率为 5~15W。

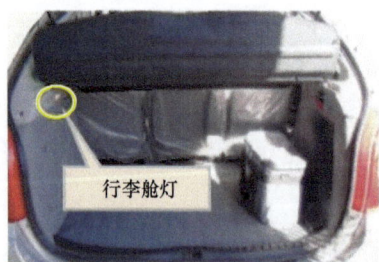

图 3-127　行李舱灯

图 3-128　顶灯

4) 门控灯。安装于轿车外张式车门内侧底部，如图 3-129 所示，夜间开启车门时，点亮，以告示后来车辆、行人避让，灯光为红色，功率 5W。

5) 仪表照明灯。安装在汽车仪表上，如图 3-130 所示，用于夜间照明仪表指针及刻度板，灯光为白色，功率为 2~8W。

图 3-129　门控灯

图 3-130　仪表照明灯

（3）**灯光信号系统**　主要由各种信号灯组成，如图 3-131 所示。

1）示宽灯。如图 3-132 所示，俗称小灯，天黑时点亮，反映车辆的存在和轮廓，前后各有两个，前面的是白色或黄色，后面的为红色。停车时称为驻车灯、书中称停车灯，有些车用示宽灯代替尾灯。

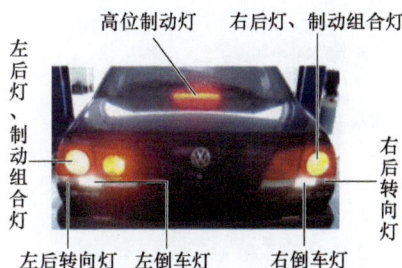

图 3-131　信号灯光系统

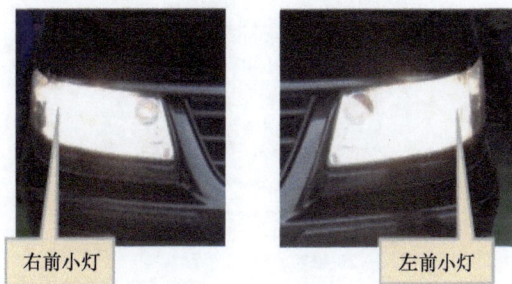

图 3-132　示宽灯

2）转向信号灯。转向信号灯，一般有六个，四角和侧面，一般为黄色，转向时按一定频率闪烁，60~80 次/min，有些车用双丝灯泡将示宽灯和转向信号灯装在一起。

3）制动信号灯。装在车的尾部，红灯，比示宽灯要亮，100m 以外要能看到，驾驶人踩制动踏板时灯亮，提示后车或行人，车辆在减速或停车。

4）倒车灯。装于汽车尾部，用于照亮车后路面，并警告车后的车辆和行人，表示该车正在倒车，倒车灯全部是白色的。

5）驻车灯。驻车灯是在汽车配置有驻车灯的条件下，在临时停车熄火时对车辆、路人等周边环境起安全提醒作用的警示灯，以提示汽车位置，车前驻车灯为白色，车后驻车灯为红色。

6）警示灯。一般用在维护道路安全，通常用在警车、工程车、消防车、急救车、防范管理车、道路维修车、牵引车、紧急 A/S 车等。

三、电气开关的识别

1. 电气开关的功用

汽车电气开关主要用于控制相应电气系统的功能。

2. 电气开关的组成

（1）**钥匙开关**　用于起动发动机，常见的有钥匙开关式，如图 3-133 所示；按键式，如图 3-134 所示。

（2）**灯光控制开关**　主要用来控制灯光的点亮以实现安全驾驶，有前照灯自动调节、前后雾灯和左右转向灯开关，如图 3-135 所示。

图 3-133　钥匙开关

（3）**电动刮水器开关**　主要用来控制刮水器的开、关以及刮水的快慢，有停止档、间歇档、低速档和高速档，如图 3-136 所示。

（4）电动后视镜开关　如图 3-137 所示，选择开关 L——左，R——右，要调整后视镜时，先选择左右，然后根据方向开关进行调整。

图 3-134　一键起动按钮

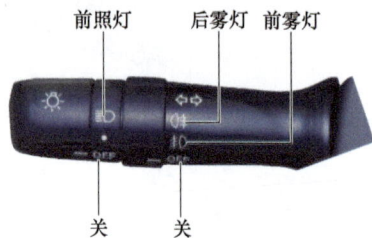

图 3-135　灯光控制开关

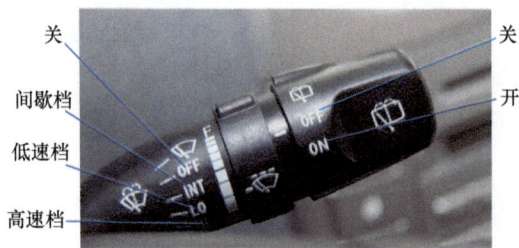

图 3-136　电动刮水器开关

图 3-137　电动后视镜开关

（5）电动座椅开关　如图 3-138 所示，可以调节 6 个方向，横着的按钮负责 4 个方向（上下前后），竖着的按钮负责靠背的调整。

（6）电动车窗及中控门锁开关　如图 3-139 所示。

图 3-138　电动座椅开关

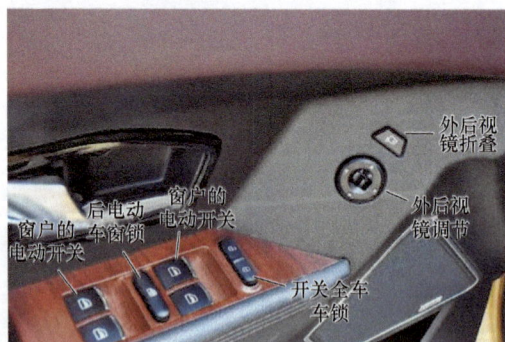

图 3-139　电动车窗开关

（7）电动天窗开关　如图 3-140 所示。

（8）空调操作面板附近开关　如图 3-141 所示。

（9）转向盘上的控制开关　如图 3-142 所示。

（10）电子驻车开关　如图 3-143 所示。

图 3-140 电动天窗附近开关

图 3-141 空调面板附近开关

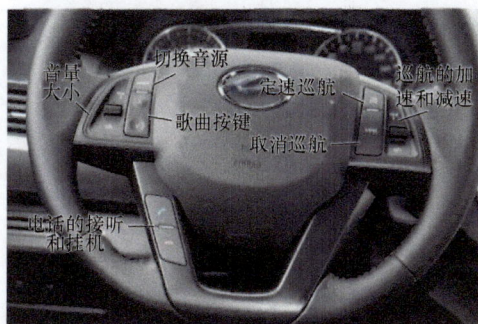
图 3-142 转向盘上的控制开关

图 3-143 电子驻车开关

课堂问答

根据知识课堂的内容完成下列各项任务。
1）认识汽车仪表及各报警指示灯。
2）认识外部照明灯、内部照明灯及信号灯。
3）认识驾驶室内各电气开关。

课堂互动

1. 小组评价（见表 3-6，50 分）

表 3-6　小组评价表

考核项目	考核内容	评分标准	配分	扣分	得分
仪表的认知	1. 仪表的组成 2. 仪表各组成的作用	某项不符合要求不给分	20 分		
灯光的认知	外部照明、内部照明及信号灯光的认知	某项不符合要求不给分	15 分		
驾驶室内电气开关的认知	能认识驾驶室内各电气开关的名称及作用	某项不符合要求不给分	15 分		

2. 教师总体评价（50 分）

任务六　汽车车身部件的认知

任务目标

熟悉汽车车身各组成部件。

知识课堂

一、汽车车身的基市结构

1. 车身壳体

轿车、客车一般均为整体式车身壳体，货车、专用车一般由驾驶室和货厢两部分组成。汽车车身壳体按结构形式分为骨架式、半骨架式和无骨架式三种类型；车身壳体按受力形式分为非承载式、半承载式和承载式三种类型。

2. 车身钣金件

车身钣金件有水箱罩、发动机舱盖、翼子板、挡泥板、驾驶室脚踏板、承载式轿车保险杠等，如图 3-144 所示。

3. 车门车窗总成

车门、车窗总成包括电机、摇窗机构、车锁等，如图 3-145 所示。

4. 车身内外装饰件

车身内外装饰件主要有仪表板、顶篷、侧壁、座位的表面覆饰等；车身外装饰件则有装饰条、车轮罩、车辆标志等，如图 3-146 所示。

5. 车身附件

车身附件一般包括风窗刮水器、风窗洗涤器、遮阳板、后视镜、收放机、杆式天线、

图 3-144　车身钣金件

图 3-145　车门车窗总成

图 3-146　车身内外装饰件

车门扶手、点烟器、安全带等，如图 3-147 所示。

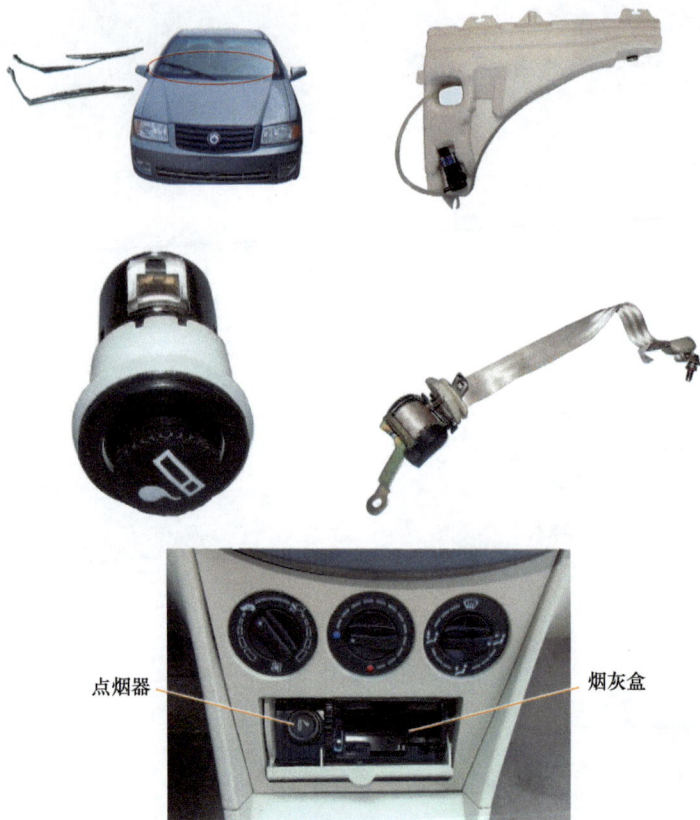

图 3-147　车身附件

6. 座位

汽车上的座位是由支架、靠背和坐垫组成，如图 3-148 所示。

7. 其他装置

汽车车身上除了上述结构外，还有安放行李的内、外行李架，有的还具有取暖、通风装置，还有保护驾驶人的气囊装置。

二、车身壳体的分类

1. 非承载式车身

如图 3-149 所示，车身以弹性元件与车架相连，车身除承受自重和货物及乘客的重量引起的载荷以及行驶时的空气阻力和惯性外，其他的载荷由车架承受。非承载式车身广泛用于客车及货车，有些高级轿车也采用这种形式。

小知识

优点：减振性能好；工艺简单；易于改型；安全性好。

缺点：质量大；承载面高。

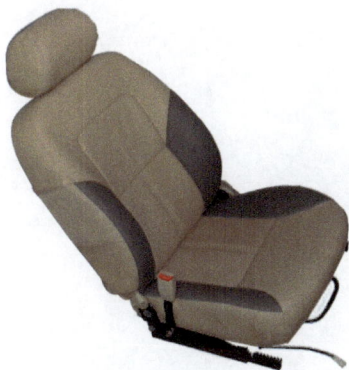

图3-148　座位

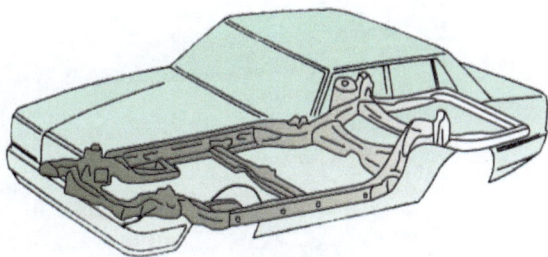

图3-149　非承载式车身

2. 半承载式车身

半承载式车身与非承载式车身一样，下面保留有车架，但车身与车架刚性连接成一体，车身壳体承受部分载荷。半承载式车身骨架与车架纵梁两侧悬伸的横梁焊接在一起，所以不像非承载式车身那样可以与车架分开。

3. 承载式车身

承载式车身取消了车架，全部载荷由车身承受，底盘各部件直接与车身相连，如图3-150所示。

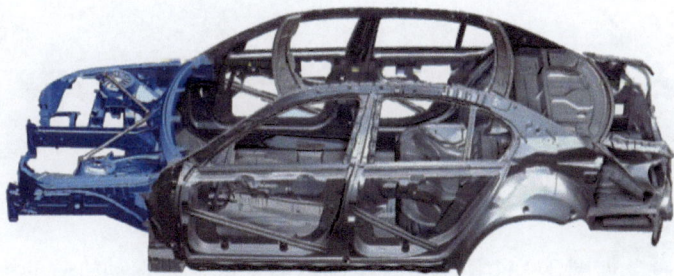

图3-150　承载式车身

📚 小知识

优点：质量小；生产性好；结构紧凑；安全性好。

缺点：易发生疲劳损伤；底盘传来振动和噪声。

三、汽车车身的组成

通常情况下，汽车车身可分为前车身、中间车身和后车身三个部分，如图3-151所示。

1. 前车身

大多数轿车前部装有前悬挂及转向装置和发动机总成。

（1）前保险杠　如图3-152所示，位于车辆的最前端，是车身外部装饰体，起到装

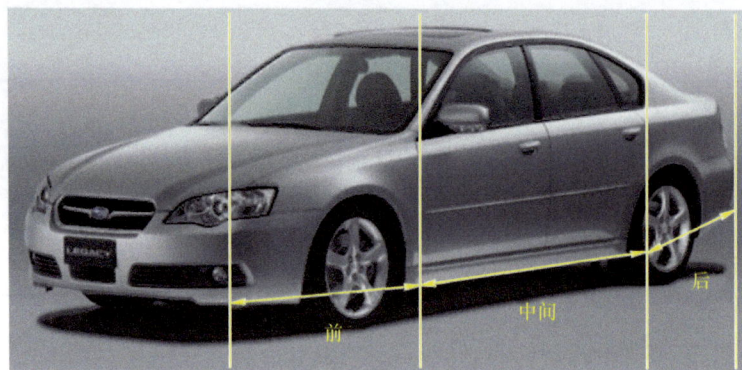

图 3-151　汽车车身组成

饰、防护作用。

（2）前翼子板　如图 3-153 所示，位于汽车发动机罩下部，前轮上部，是重要车身装饰件。

图 3-152　前保险杠

图 3-153　前翼子板

（3）发动机罩　如图 3-154 所示，位于车辆前上部，是发动机舱的维护盖板。

（4）前围板　如图 3-155 所示，位于乘客前部，通过前围板使发动机室与乘客室分开。

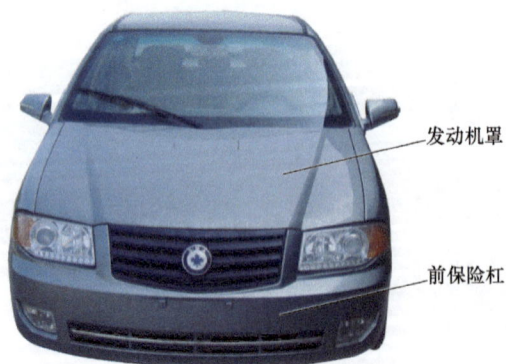

图 3-154　发动机罩

图 3-155　前围板

（5）**前纵梁** 如图 3-156 所示，是前车身的主要强度件，直接焊接在车身下部。

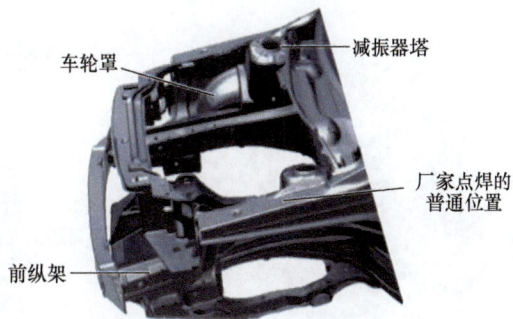

图 3-156 前纵梁

（图中标注：车轮罩、减振器塔、厂家点焊的普通位置、前纵架）

2. 中间车身

中间车身设有车门、侧体门框、门槛及沿周采用高强度钢制成的抗弯曲能力较高的箱形断面，中间车身侧体框架的中柱、边框、车顶边梁、侧体下边梁等也采用封闭型断面结构。车顶、车底和立柱等构件，均以焊接方式组合在一起。

中间车身的立柱起着支撑风窗玻璃和车顶的作用，一般下部做得粗大，包括前柱（A柱）、中柱（B柱）和后柱（C柱）。

（1）**立柱、门槛板和地板** 如图 3-157 所示，是构成车身侧框的钣金结构件，地板是车辆用来承载乘客、货物的基础件。

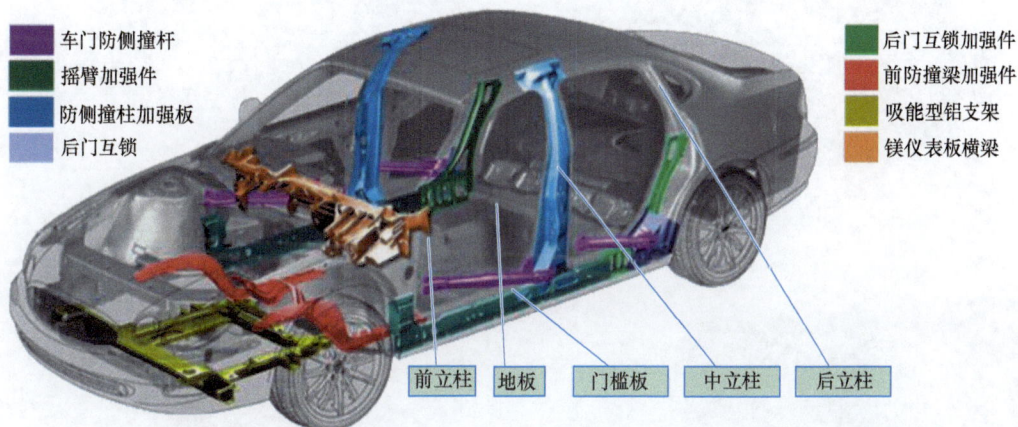

（图例：车门防侧撞杆、摇臂加强件、防侧撞柱加强板、后门互锁、后门互锁加强件、前防撞梁加强件、吸能型铝支架、镁仪表板横梁；前立柱、地板、门槛板、中立柱、后立柱）

图 3-157 立柱、门槛板和地板

（2）**车顶** 如图 3-158 所示，是指车身车厢顶部的盖板，其上可能装备有天窗、换气窗或天线等。

（3）**车门** 如图 3-159 所示，是乘员上下的通道，其上还装有门锁、玻璃、玻璃升降器等附属设施。

3. 后车身

如图 3-160 所示，是用于放置物品的部分，可以说是中间车身侧体的延长部分，三厢车的乘客室与行李舱是分开的；而两厢车的行李舱与乘客室合二为一。

（1）**行李舱** 如图 3-161 所示，是装载物品的空间，由行李舱组件与车身地板钣金件构成。

（2）**后侧板与后保险杠** 如图 3-162 所示，后侧板是指后门框以后的遮盖后轮及后侧车身的车身钣金件。后保险杠是指位于车辆车身的尾部，起到装饰、防护车辆后部零部件的作用。

图 3-158　车顶

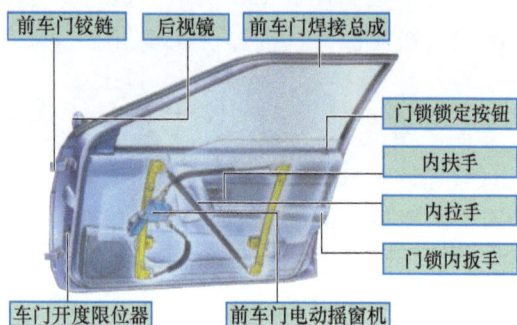

前车门铰链　后视镜　前车门焊接总成

门锁锁定按钮

内扶手

内拉手

门锁内扳手

车门开度限位器　前车门电动摇窗机

图 3-159　车门

行李舱盖

后翼子板

行李舱

三厢车后车身

后门槛

两厢车后车身

图 3-160　后车身

图 3-161　行李舱

后侧板

后保险杠

图 3-162　后侧板与后保险杠

课堂问答

根据知识课堂的内容完成下列各项任务。

1）认知汽车车身的基本结构。

2）认知汽车车身壳体分类。

3）认知汽车车身前、中、后三部分的结构件。

课堂互动

1. 小组评价（见表3-7，50分）

表3-7　小组评价表

考核项目	考核内容	评分标准	配分	扣分	得分
汽车车身基本结构件的认知	1. 能认识各结构件在车上的位置 2. 能说出各结构件的名称和作用	某项不符合要求不给分	25分		
汽车车身前、中、后三部分结构件的认知	1. 能认识各结构件在车上的位置 2. 能说出各结构件的名称和作用	某项不符合要求不给分	25分		

2. 教师总体评价（50分）

任务七　汽车空调的认知

任务目标

1. 认识汽车空调制冷系统的组成。
2. 认识汽车空调暖风系统的组成。

知识课堂

一、汽车空调制冷系统

1. 空调制冷系统的组成

空调制冷系统由压缩机、冷凝器、储液干燥器、膨胀阀、蒸发器、散热风扇、制冷管道组成，如图 3-163 所示。

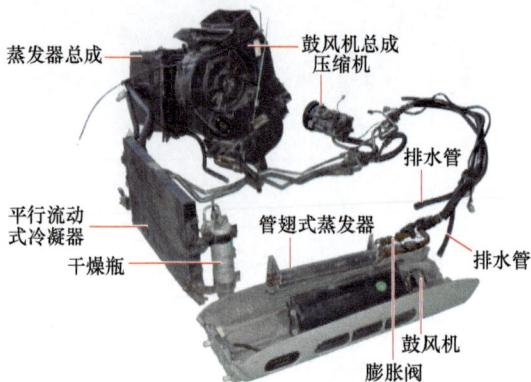

图 3-163　空调制冷系统的组成

2. 空调制冷系统的作用

空调制冷系统用于对乘室内或由外部进入乘室内的空气进行冷却降温、除湿，从而使乘室内的空气变得凉爽舒适。

二、空调暖风系统

1. 空调暖风系统的组成

空调暖风系统由加热器、水阀、水管、预热管等组成，如图 3-164 所示。

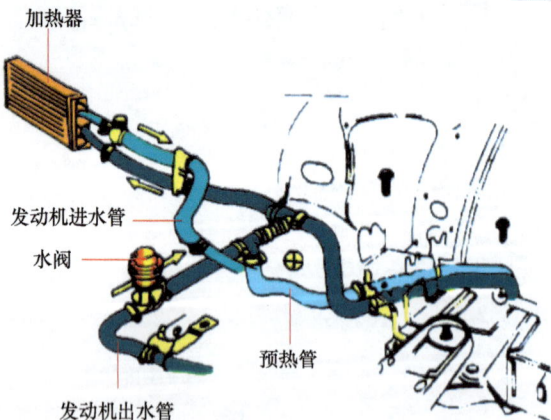

图 3-164　空调暖风系统的组成

2. 空调暖风系统的作用

空调暖风系统用于对乘室内或由外部进入乘室内的空气进行加热，达到取暖、除湿、除霜的目的。

课堂问答

根据知识课堂的内容完成下列各项任务。

1）空调制冷系统由_____、_____、_____、_____、_____、_____、_____组成。

2）空调制冷系统的作用：_____。

3）空调暖风系统由_____、_____、_____、_____组成。

4）空调暖风系统的作用：_____。

课堂互动

1. 小组评价（见表3-8，50分）

表3-8　小组评价表

考 核 项 目	考 核 内 容	评 分 标 准	配分	扣分	得分
空调制冷系统	1. 空调制冷系统的组成 2. 空调制冷系统的作用	根据情况酌情扣分	30分		
空调暖风系统	1. 空调暖风系统的组成 2. 空调暖风系统的作用	根据情况酌情扣分	20分		

2. 教师总体评价（50分）

课 后 实 践

班级		姓名		日期	

任务描述：客户李明的车辆已行驶了 10000km，到该品牌 4S 店进行车辆维护，没有预约。假设你是 4S 店的服务顾问，请按接待流程陪同客户完成该车的环车检查工作，并给出维修维护方案。

接车检查单

客户姓名		车牌号		行驶里程	km
车辆识别代号		服务顾问		日期	
客户描述	维护：首次维护□　常规维护□　验车维护□　换三滤、机油□ 发动机：动力不足□　加速不良□　急速不稳□　易熄火□　油耗高□ 异响：发动机□　底盘□　行驶系统□　制动系统□　变速器□　座椅□　车门□ 故障灯：机油指示灯□　冷却液温度指示灯□　ABS 警告灯□　安全气囊警告灯□ 空调：有异味□　异响□　不制冷□ 漏水：冷却液□　天窗□　车身□ 漏油：发动机□　变速器□　制动系统□　汽油泵□ 其他：＿＿＿＿＿＿＿＿＿＿＿＿＿＿＿＿＿＿＿＿＿＿＿＿＿＿				

随车物品	1		备胎检查	是　□ 否　□	燃油存量检查	充足□ 1/2　□ 无　□
	2					
	3		是否洗车	是　□ 否　□		
	4					

车辆外观检查

1	前保险杠		6	行李舱盖	
2	发动机舱盖		7	后保险杠	
3	左前翼子板		8	右后翼子板	
4	左前后视镜		9	右前翼子板	
5	左后翼子板		10	车顶	

检查结果：

维修方案：　　　　　　　客户签字：　　　日期：

交车检查结果：车辆外观□　车内无零件/工具遗漏□　发动机舱（清洁、液位）□
内饰（音响、空调、功能开关）□　行李舱□　维修表单□　旧件□

课 后 测 评

一、判断题

1. 多缸发动机各气缸的总容量之和，称为发动机的排量。　　　　（　　）
2. 曲柄连杆机构主要有机体组和活塞连杆组两部分组成。　　　　（　　）
3. 气门属于配气机构中气门组的主要零部件。　　　　　　　　（　　）

4. 四冲程发动机的一个工作循环包括进气、压缩、做功和排气。 （　　）

5. 大多数轿车上的发动机都采用的是风冷冷却系统。 （　　）

6. 所谓驱动形式，是指变速器的布置方式以及驱动轮的数量、位置的形式。（　　）

7. 离合器能实现动力的中断和接通。 （　　）

8. 变速器具有增速增矩的作用。 （　　）

9. 万向传动装置主要包括万向节、传动轴和驱动桥。 （　　）

10. 悬架由弹性元件、减振器、导向机构、车架等组成。 （　　）

11. 制动系统一般由制动器和制动操纵机构两部分组成。 （　　）

12. 驾驶人能通过汽车仪表的工作状况，随时了解各系统的工作情况。 （　　）

13. 机油压力表用来指示发动机润滑系统机油压力的大小。 （　　）

14. 燃油表用来显示发动机冷却液的工作温度。 （　　）

15. 汽车空调系统由制冷系统和暖风系统组成。 （　　）

二、选择题

1. 下列中不属于曲轴飞轮组的是（　　）。

A. 飞轮　　　　　　B. 气缸盖　　　　　　C. 曲轴　　　　　　D. 飞轮正时齿轮

2. 下列中不属于活塞连杆组的是（　　）。

A. 活塞　　　　　　B. 活塞销　　　　　　C. 连杆　　　　　　D. 气门

3. 上止点是指活塞在气缸内做往复运动时，活塞顶部距离曲轴旋转中心（　　）的位置。

A. 最远　　　　　　B. 最近　　　　　　C. 任意　　　　　　D. 中间

4. 四冲程柴油发动机的可燃混合气形成在（　　）。

A. 进气歧管　　　　B. 喷油泵　　　　　　C. 缸内　　　　　　D. 输油泵

5. 以下不属于底盘组成的是（　　）。

A. 传动系统　　　　B. 制动系统　　　　　C. 润滑系统　　　　D. 行驶系统

6. 以下不属于变速器的作用的是（　　）。

A. 改变传动比　　　　　　　　　　　B. 提供倒档

C. 利用空档，中断动力传递　　　　　D. 改变行驶方向

7. 下列哪一项不是行驶系统的组成部件？（　　）

A. 车架　　　　　　B. 发动机　　　　　　C. 悬架　　　　　　D. 车桥

8. 关于汽车外部照明的组成，以下说法不正确的是（　　）。

A. 前照灯　　　　　B. 制动灯　　　　　　C. 雾灯　　　　　　D. 牌照灯

9. 以下关于汽车车身分类的说法，错误的是（　　）。

A. 非承载式　　　　B. 一体式　　　　　　C. 半承载式　　　　D. 承载式

10. 以下不属于汽车制冷系统的是（　　）。

A. 发动机冷却液　　B. 空调压缩机　　　　C. 冷却风扇　　　　D. 膨胀阀

项目四

4

节能与新能源汽车结构的认知

项目描述

通过对本项目的学习，学生能够清楚地认知节能与新能源汽车的定义、分类；认知纯电动汽车的结构；认知混合动力电动汽车的结构；认知燃料电池电动汽车的结构。

任务一　新能源汽车概述

任务目标

1. 掌握新能源汽车的定义。
2. 熟悉节能与新能源汽车的分类。

知识课堂

一、新能源汽车的定义和分类

根据2012年国务院《节能与新能源汽车产业发展规划（2012～2020年）》，新能源汽车是指：采用新型动力系统，完全或主要依靠新型能源驱动的汽车，主要包括纯电动汽车、插电式混合动力电动汽车及燃料电池电动汽车，如图4-1所示。

2018年国家发改委发布的《汽车产业投资管理规定》正式确认：自2019年1月10日起施行，在整车投资项目领域，混合动力汽车、插电式混合动力汽车将划归燃油汽车一类，电动汽车只针对由电机驱动的汽车，主要指增程式电动汽车、燃料电池电动汽车、纯电动汽车。

图4-1　新能源汽车

1. 纯电动汽车

驱动能量完全由电能提供的、由电机驱动的汽车。图4-2为北汽纯电动汽车EU5。

2. 插电式混合动力电动汽车

混合动力电动汽车是能够至少从下述两类车载储存的能量中获得动力的汽车。

——可消耗的燃料；

——可再充电能/能量储存装置。

插电式混合动力电动汽车是可以外接电源充电的一种混合动力电动汽车，如图4-3所示。

3. 燃料电池电动汽车

以燃料电池系统作为单一动力源或者是以燃料电池系统与可充电储能系统作为混合动力源的电动汽车。图4-4为本田Clarity氢燃料电池电动汽车。

EU系列 2018款 EU5 R500 智风版

基本参数	▼
厂商	北汽新能源
级别	紧凑型车
能源类型	纯电动
上市时间	2018.04
工信部纯电续驶里程/km	416
快充时间/h	0.5
慢充时间/h	6
快充电量百分比（%）	80
最大功率/kW	160

图 4-2　北汽纯电动汽车 EU5

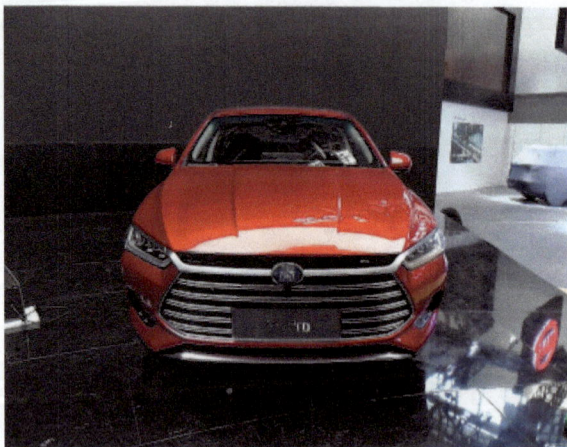

秦新能源 2019款 秦Pro DM 1.5 TI 自

基本参数	▼
厂商	比亚迪
级别	紧凑型车
能源类型	插电式混合动力
上市时间	2018.09
工信部纯电续驶里程/km	80
快充时间/h	—
慢充时间/h	—
快充电量百分比（%）	—
最大功率/kW	—

图 4-3　比亚迪秦混合动力电动汽车

二、其他能源汽车

太阳能汽车在纯电动汽车的基础上，将太阳能转化为电能、由电机驱动的汽车。图 4-5为德国 Sono 公司即将推出的太阳能汽车。

图 4-4　本田 Clarity 氢燃料电池电动汽车

图 4-5　太阳能汽车

课堂问答

根据知识课堂的内容完成下列各项任务。

1）新能源汽车是指采用＿＿＿＿＿＿＿＿＿＿，完全或主要依靠＿＿＿＿＿＿＿＿＿＿的汽车。

2）纯电动汽车是＿＿＿＿＿＿完全由＿＿＿＿＿、＿＿＿＿＿＿的汽车。

3）混合动力电动汽车是指能够至少从＿＿＿＿＿＿和＿＿＿＿＿＿两类车载储存的能量中获得动力的汽车。

4）燃料电池电动汽车是以＿＿＿＿作为单一＿＿＿＿或者是以燃料电池系统与＿＿＿＿＿＿作为混合动力源的电动汽车。

5）太阳能汽车在电动汽车的基础上，将＿＿＿＿转化为电能对车进行供电。

课堂互动

1. 小组评价（见表4-1，50分）

表4-1　小组评价表

考核项目	考核内容	评分标准	配分	扣分	得分
节能与新能源汽车的类型	1. 纯电动汽车 2. 混合动力电动汽车 3. 燃料电池电动汽车 4. 太阳能汽车	根据情况酌情扣分	50分		

2. 教师总体评价（50分）

任务二　纯电动汽车结构的认知

任务目标

1. 熟悉纯电动汽车的主要类型。
2. 掌握纯电动汽车的基本结构。

知识课堂

一、纯电动汽车的主要类型

纯电动汽车的动力传输有单一车载动力蓄电池和辅助动力源两种类型。图 4-6 和图 4-7分别为单一动力源的纯电动汽车动力传输路径和装有辅助动力源的纯电动汽车动力传输路径。

图4-6 单一动力源的纯电动汽车动力传输路径

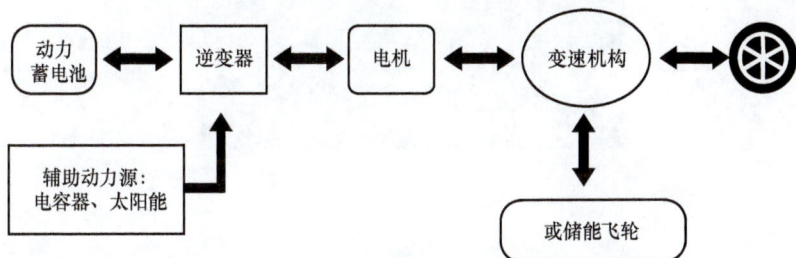

图4-7 装有辅助动力源的纯电动汽车动力传输路径

二、纯电动汽车的组成

传统燃油汽车由发动机、底盘、车身及电气设备组成，纯电动汽车用电力驱动系统替代了发动机，因此纯电动汽车车身基本与传统燃油汽车相同，底盘、电气设备部分有了一定的改变。纯电动汽车主要由整车控制系统、动力蓄电池系统、充电系统、驱动电机系统以及其他辅助系统组成。

1. 整车控制系统

整车控制系统由低压电气控制系统、高压电气控制系统和整车网络化控制系统组成。

（1）低压电气控制系统 低压电气控制系统主要由辅助蓄电池和低压电气设备组成，主要采用12V或24V电源，比如照明系统、娱乐系统等。与燃油汽车相比较，纯电动汽车低压电气控制系统的辅助蓄电池的充电由动力蓄电池通过DC/DC变换器来完成。图4-8为DC/DC变换器。

（2）高压电气控制系统 高压电气控制系统主要通过低压电路来控制动力蓄电池、驱动电机、充电机、高压控制盒等高压电气设备工作。图4-9为高压控制盒。

（3）整车网络化控制系统 整车网络化控制系统主要包括整车控制器、电机控制器、蓄电池管理系统（BMS）、车身控制管理系统、信息显示系统和通信系统等。整车控制器（VCU或VBU）是整车控制系统的核心，通过采集加速踏板信号及其他部件信号，并做出相应判断后，控制下层各部件控制器动作，可实现整车驱动、制动、能量回收。图4-10为整车控制器。

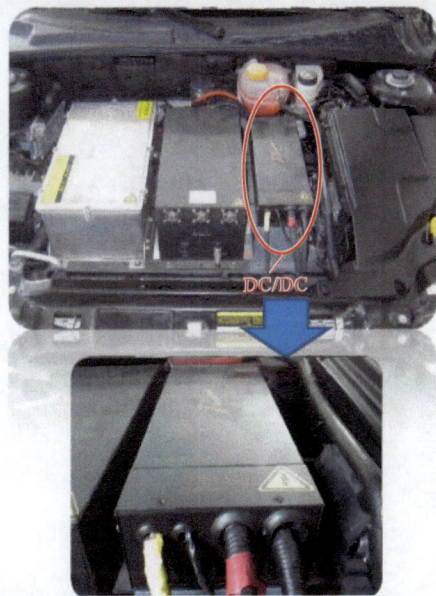

图4-8 DC/DC变换器

慢充线束 — UVW线束

PTC高压线束

动力蓄电池高压电缆

快充线束

A/C高压线束

图 4-9　高压控制盒

2. 动力蓄电池系统

动力蓄电池系统是指由一个或一个以上蓄电池包及相应附件构成的为电动汽车整车的行驶提供电能的能量存储装置。动力蓄电池系统主要由动力蓄电池、蓄电池管理系统、高压电路、低压电路、热管理设备等组成。

（1）动力蓄电池　动力蓄电池是指为电动汽车动力系统提供能量的蓄电池，如图 4-11 所示。

图 4-10　整车控制器

图 4-11　动力蓄电池

（2）蓄电池管理系统　蓄电池管理系统（BMS）通过监视动力蓄电池的状态（温度、电压、荷电状态等），可以为动力蓄电池提供通信、安全、电芯均衡及管理控制，并提供与应用设备通信接口的系统，如图 4-12 所示。

3. 充电系统

充电系统是纯电动汽车主要的能源补给系统，为保障车辆持续行驶提供动力能源。

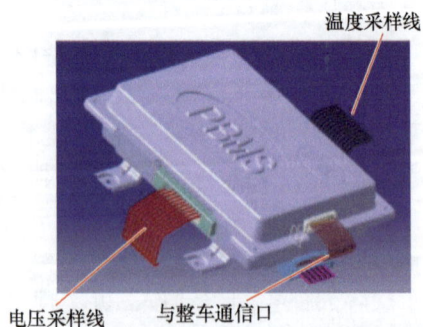

温度采样线

电压采样线　与整车通信口

图 4-12　蓄电池管理系统

充电系统可分为慢充和快充两种方式。

（1）**慢充系统**　慢充系统主要由供电设备、慢充口、慢充线束、车载充电机、高压控制盒等组成，如图4-13所示。

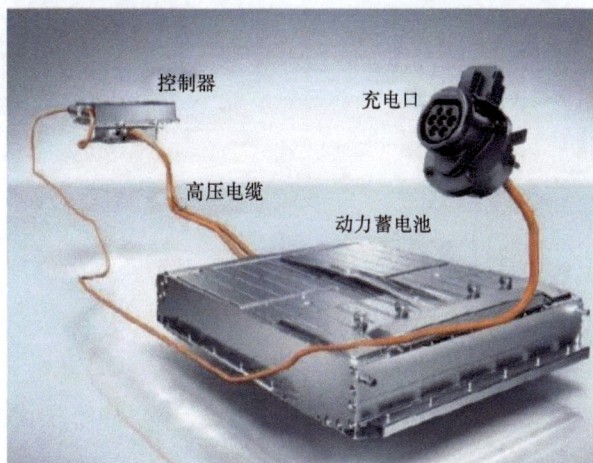

图4-13　慢充系统

（2）**快充系统**　快充系统主要由供电设备（快充桩）、快充口、快充线束、高压控制盒等组成。

4. 驱动电机系统

驱动电机系统主要由驱动电机和驱动电机控制器组成。

（1）**驱动电机**　驱动电机主要为车辆行驶提供驱动力，如图4-14所示。

（2）**驱动电机控制器**　驱动电机控制器（MCU）控制动力电源与电机之间的能量传输，如图4-15所示。

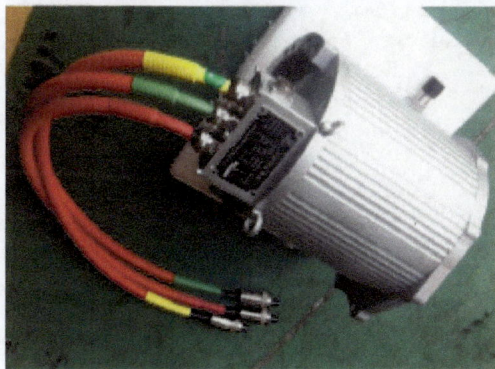

图4-14　驱动电机

图4-15　驱动电机控制器

5. 辅助系统

（1）**制动系统**　纯电动汽车的制动系统主要由电动真空助力制动系统和电机再生制动系统组成。图4-16为电动真空泵和真空罐。

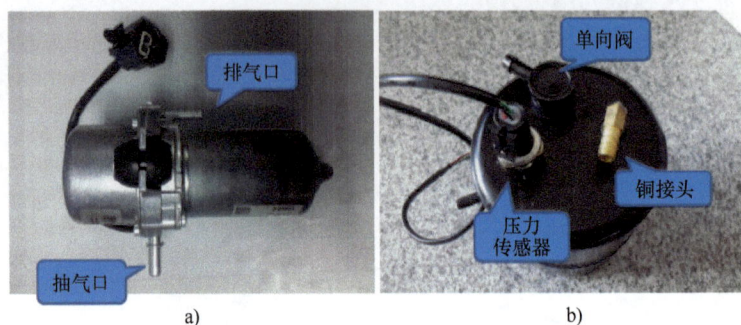

a)　　　　　　　　　　　　　b)

图 4-16　电动真空泵和真空罐

a）电动真空泵　b）真空罐

（2）冷却系统　纯电动汽车冷却系统主要用于将驱动电机、驱动电机控制器、充电机和动力蓄电池产生的热量及时散发出去，并使其在所要求的温度范围内正常工作。

（3）电动空调系统　电动空调系统由空调制冷系统和空调采暖系统组成。

空调制冷系统与传统燃油汽车相似，只是空调压缩机改成了电动压缩机。图 4-17 为电动压缩机。

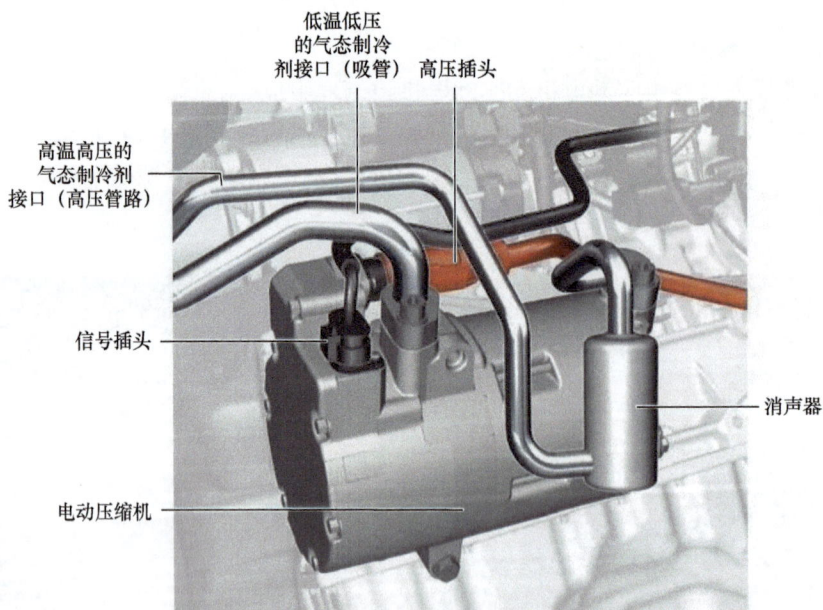

图 4-17　电动压缩机

纯电动汽车没有了发动机，不能再采用循环冷却水的热能来取暖，只能采用 PTC 加热电阻来取暖，如图 4-18 所示。

图 4-18　PTC 加热电阻

课堂问答

根据知识课堂的内容完成下列各项任务。

1）纯电动汽车动力传输的两种类型是_____和_____。

2）纯电动汽车由_____、_____、_____以及_____组成。

3）低压电气控制系统主要由_____和_____组成。

4）动力蓄电池是指为_____提供_____的蓄电池。

5）驱动电机系统主要由_____和_____组成。

课堂互动

1. 小组评价（见表4-2，50分）

表4-2　小组评价表

考核项目	考核内容	评分标准	配分	扣分	得分
纯电动汽车的组成	1. 整车控制系统 2. 动力蓄电池系统 3. 充电系统 4. 驱动电机系统 5. 其他辅助系统	根据情况酌情扣分	50分		

2. 教师总体评价（50分）

任务三　混合动力电动汽车结构的认知

1. 认识混合动力电动汽车的主要类型。
2. 认识混合动力电动汽车的基本结构。

知识课堂

一、混合动力电动汽车的主要类型

1. 按驱动系统的连接方式分类

（1）**串联式混合动力电动汽车**　车辆的驱动力只能源于驱动电机的混合动力电动汽车。车辆的驱动力由驱动电机单独完成，动力蓄电池的电能来自发动机，如图 4-19 所示。

（2）**并联式混合动力电动汽车**　车辆的驱动力由驱动电机及发动机同时或单独供给的混合动力电动汽车。车辆的驱动力由发动机和驱动电机组合完成，系统支持仅由其中一种能量驱动车辆，也能支持两种同时驱动车辆，如图 4-20 所示。

（3）**混联式混合动力电动汽车**　同时具有串联式和并联式驱动方式的混合动力电动汽车。混联式也称为串并联式，集合了串联式和并联式的优点，如图 4-21 所示。

2. 按外接充电能力进行分类

（1）**不可外接充电式混合动力电动汽车**　指正常使用情况下从车载燃料中获取全部能量的混合动力电动汽车。

图 4-19　串联式混合动力电动汽车

（2）**可外接充电式混合动力电动汽车**　指正常使用情况下可从非车载装置中获取电能量的混合动力电动汽车。插电式混合动力电动汽车（PHEV）属于此类型，如图 4-22 所示，插电式混合动力电动汽车主要由发动机、变速器、锂离子蓄电池、混动模块、充电插座等组成。较之普通混合动力电动汽车，插电式混合动力汽车的动力蓄电池容量更大，并可以使用外部电源对其动力蓄电池进行充电，纯电模式下可行驶很长距离（一般在 50km 以上），电量耗尽后，发动机介入工作，并向动力蓄电池进行充电。

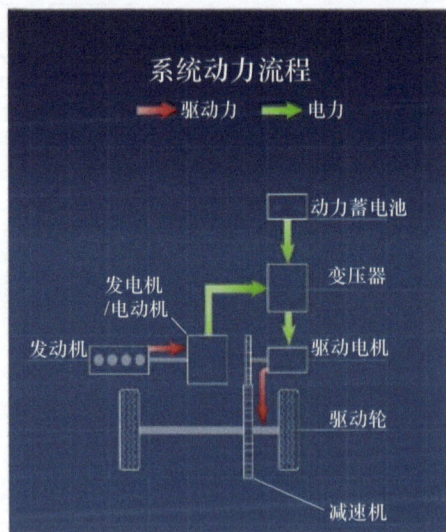

项目四　节能与新能源汽车结构的认知

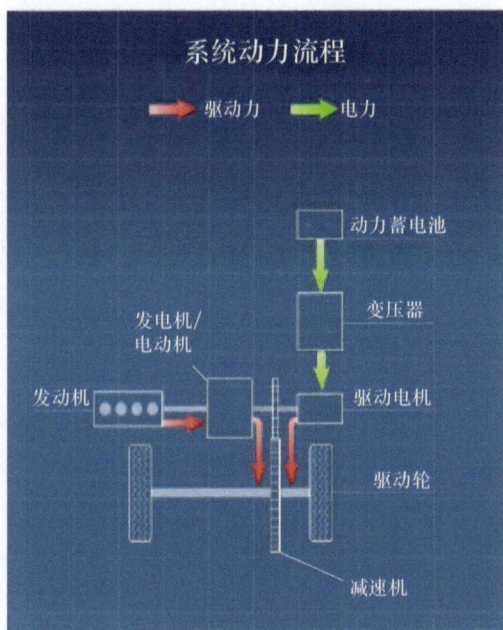

图 4-20　并联式混合动力电动汽车

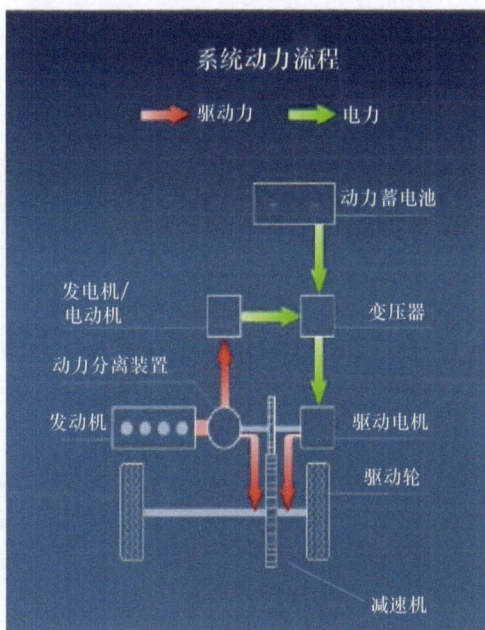

图 4-21　混联式混合动力电动汽车

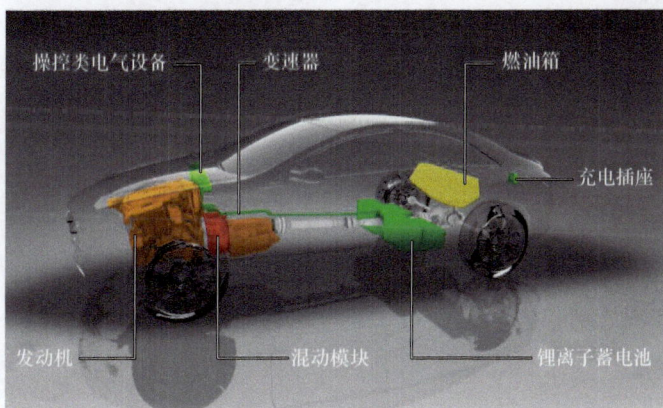

图 4-22　PHEV

3. 按行驶模式的选择方式进行分类

（1）有手动选择功能的混合动力电动汽车　指具备手动选择行驶模式功能的混合动力电动汽车。车辆可选择的行驶模式包括纯电动模式、热机模式和混合动力模式。

（2）无手动选择功能的混合动力电动汽车　指不具备手动选择行驶模式功能的混合动力电动汽车。车辆的行驶模式可根据不同工况自动切换。

二、混合动力电动汽车的基本结构

混合动力电动汽车主要由发动机、发电机/电动机、驱动电机、动力蓄电池、变速器（变速机构）、变频器总成及控制系统组成。

1. 发动机

发动机是混合动力电动汽车的主要动力源，它与传统燃油汽车发动机相似，但也有不同。图 4-23 为宝马混合动力电动汽车 3 缸发动机。

2. 发电机/电动机

发电机/电动机既能把机械能转化为电能进而为混合动力电动汽车供电，同时也能把电能转化为机械能用于起动混合动力电动汽车的发动机。图 4-24 为宝马 X1 插电式混合动力电动汽车发电机/电动机。

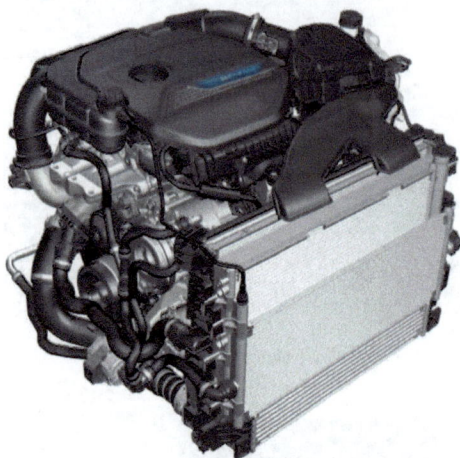

图 4-23　宝马混合动力
电动汽车 3 缸发动机

图 4-24　宝马 X1 插电式混合动力
电动汽车发电机/电动机

3. 驱动电机

驱动电机主要为混合动力电动汽车提供驱动力，混合动力电动汽车利用驱动电机提供辅助动力，来降低燃油消耗和降低排放污染，如图 4-25 所示。

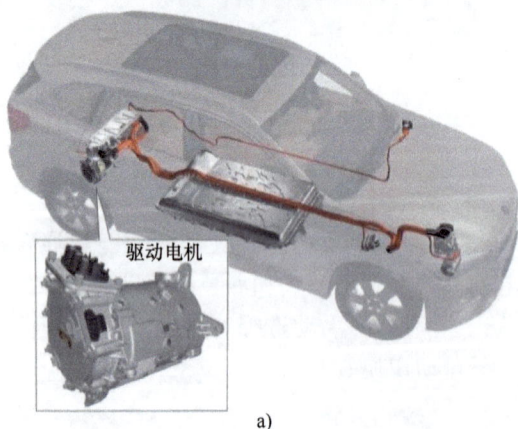

a)

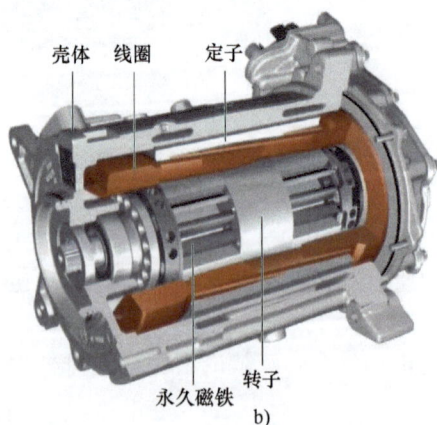

b)

图 4-25　驱动电机
a）驱动电机在车上的位置　b）驱动电机的结构

4. 动力蓄电池

动力蓄电池主要为混合动力电动汽车提供电能，用以起动发动机、汽车行驶（纯电模式）或加速，如图 4-26 所示。

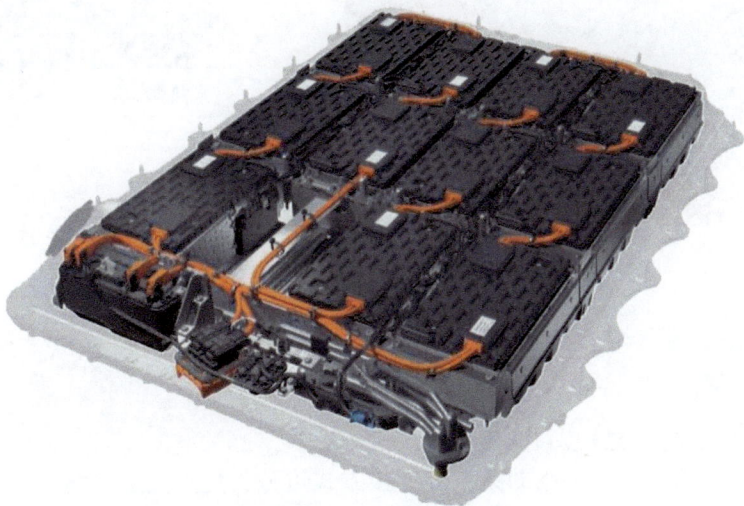

图 4-26 动力蓄电池

5. 变速器（变速机构）

变速器（变速机构）以适当的比例分配发动机驱动力来直接驱动车辆或发电机。图 4-27 为宝马混合动力电动汽车匹配的 6 速自动变速器。

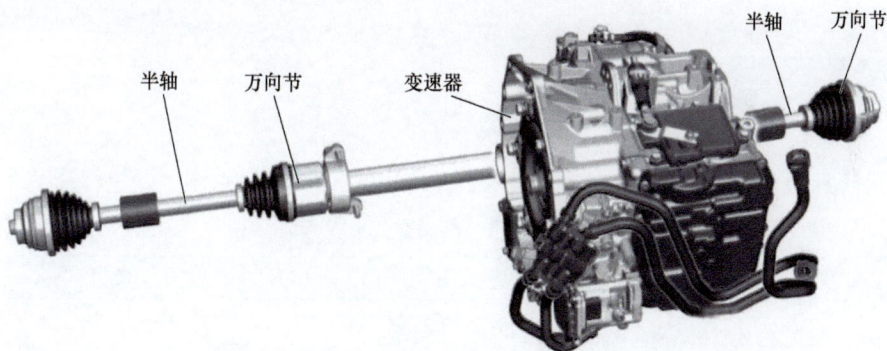

图 4-27 宝马混合动力电动汽车 6 速自动变速器

6. 变频器总成

变频器总成主要由增压转换器、DC/DC 变换器和空调变频器组成。变频器总成用于将来自动力蓄电池的高压直流电转换成交流电供给驱动电机以驱动车辆行驶或供给发电机/电动机用于起动发动机；同时，也能将交流电转换成直流电，如图 4-28 所示。

7. 控制系统

混合动力电动汽车控制系统主要由整车控制器（VCU）、发动机 ECU、蓄电池管理系统（BMS）或蓄电池 ECU 等组成。

图 4-28　变频器总成

课堂问答

根据知识课堂的内容完成下列各项任务。

1）混合动力电动汽车按驱动系统的连接方式可分为_____、_____和_____三类。

2）混合动力电动汽车主要由_____、_____、_____、_____、_____、_____及_____组成。

3）驱动电机主要为_____提供驱动力。

4）混合动力电动汽车控制系统主要由_____、_____、_____或_____组成。

课堂互动

1. 小组评价（见表 4-3，50 分）

表 4-3　小组评价表

考核项目	考核内容	评分标准	配分	扣分	得分
混合动力电动汽车的分类	1. 按驱动系统的连接方式 2. 按外接充电能力 3. 按行驶模式	根据情况酌情扣分	15 分		
混合动力电动汽车的组成	1. 发动机 2. 发电机/电动机 3. 驱动电机 4. 动力蓄电池 5. 变速器 6. 变频器总成 7. 控制系统	根据情况酌情扣分	35 分		

2. 教师总体评价（50 分）

任务四　燃料电池电动汽车结构的认知

任务目标

1. 熟悉燃料电池的定义。
2. 了解燃料电池电动汽车的基本结构。

知识课堂

一、燃料电池的定义

　　燃料电池是将外部供应的燃料和氧化剂中的化学能通过电化学反应直接转化为电能、热能和其他反应产物的发电装置，如图 4-29 所示。燃料电池电动汽车是以燃料电池系统作为动力源或主动力源的汽车。

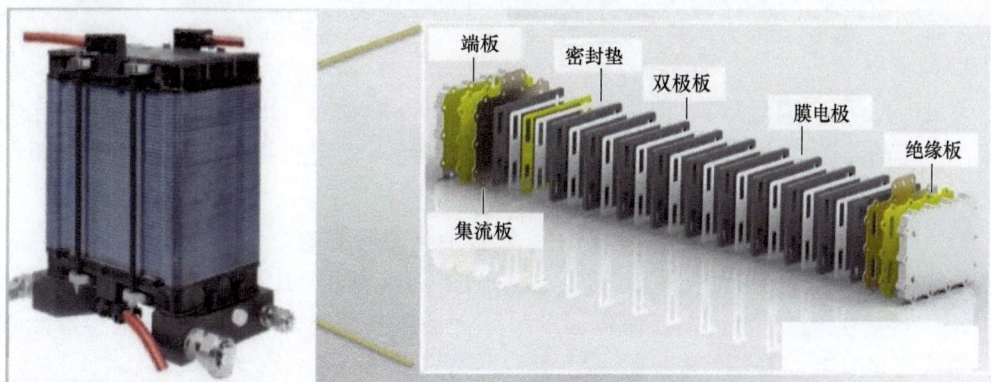

图 4-29　燃料电池

二、燃料电池电动汽车的基本结构

图4-30为一辆典型的燃料电池电动汽车的结构示意图。

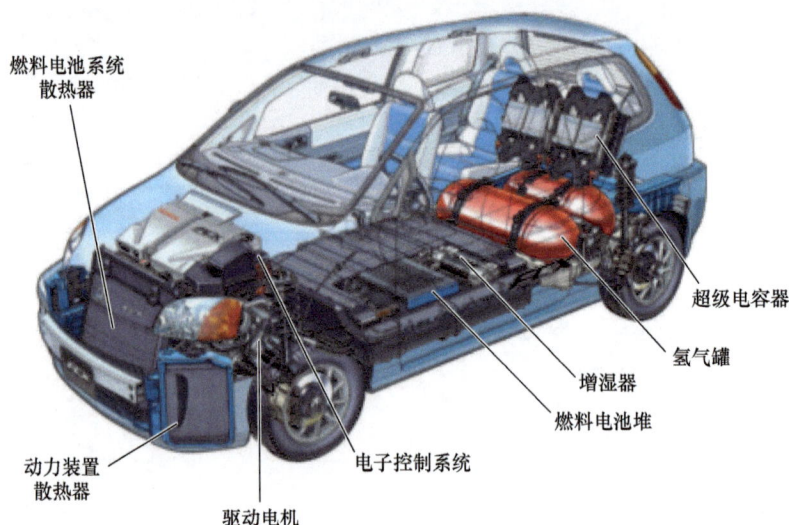

燃料电池系统散热器
超级电容器
氢气罐
增湿器
燃料电池堆
电子控制系统
动力装置散热器
驱动电机

图4-30　燃料电池电动汽车的结构

1. 增湿器

增湿器位于燃料电池系统盒内，在通往电池堆阴极的空气管道里面，通过让正在阴极蒸发的水分循环给燃料电池提供充足的水分。

2. 燃料电池冷却系统

正常工作过程中燃料电池会产生热量，余热会导致聚合物电解质膜损坏，必须用液体冷却系统通过表面积比较大的散热器把余热从燃料电池堆中带走。

3. 空气泵

在所有行驶条件下，必须以适当压力和流速给燃料电池堆送风，使电池堆正常工作，车载空气泵通过把压缩后的大气输送给燃料电池的正极来满足这一条件。

4. 储能电池

储能电池用来储存燃料电池产生的多余电能以及制动能量回收的电能。储能电池能够提高汽车的驾驶性能，因为电存储设备能够立即给驱动电机提供能量，并能克服燃料电池部分的加速滞后情况。

（1）高压电池　多数燃料汽车用镍氢蓄电池作为储能电池，通常安装在汽车后部。储能电池的结构与燃料电池堆相似，由很多单件蓄电池串并联构成一个高压电池组。

（2）超级电容器　电池中存储电能的另一种形式是超级电容器。超级电容器能够快速、高效地充放电，由多个并联在一起的圆柱形蓄电池组成。

5. 驱动电机

燃料电池电动汽车的驱动电机与目前混合动力电动汽车驱动电机非常相似，以交流同步电机为主，也有直流无刷电机。

6. 驱动桥

燃料电池电动汽车使用的驱动电机，需要用一个差速器把动力传到主动轮，前进时不需要换档，同时也不需要倒车档齿轮等，驱动电机反转可实现倒车。

7. 电源控制单元（PCU）

电源控制单元（PCU）控制燃料电池电动汽车的传动机构、燃料电池的输出功率，并给各部件供电。

8. 储氢罐

高压储氢罐安装于后座之下，为燃料电池提供氢气。

9. 燃料电池

燃料电池安装在前排座椅下方，是整车的电力来源，在这里氢气和氧气发生反应产生电能。

课堂问答

根据知识课堂的内容完成下列各项任务。
1）燃料电池是_____电池，是一种_____的电化学装置。
2）燃料电池电动汽车储能电池的作用是_____。
3）燃料电池冷却系统的作用是_____。
4）增湿器的作用是_____。
5）燃料电池的作用是_____。

课堂互动

1. 小组评价（见表4-4，50分）

表4-4　小组评价表

考核项目	考核内容	评分标准	配分	扣分	得分
燃料电池	燃料电池的定义	根据情况酌情扣分	10分		
燃料电池电动汽车的组成	1. 增湿器 2. 冷却系统 3. 空气泵 4. 储能电池 5. 驱动电机 6. 驱动桥 7. 电源控制单元（PCU） 8. 储氢罐 9. 燃料电池	根据情况酌情扣分	40分		

2. 教师总体评价（50 分）

课 后 实 践

班级		姓名		日期	

　　任务描述：客户张先生到比亚迪 4S 店给爱车比亚迪秦 EV 做维护，服务顾问已经按流程接待完毕，车辆已送到车间。假设你是车间维修技师，请按照工单要求完成车辆的检查与维护工作。

新能源汽车动力蓄电池系统检查与维护工单

一、车辆信息记录

品牌		整车型号		生产日期	
车辆识别代号		行驶里程		动力蓄电池型号	

二、动力蓄电池系统检查维护流程

操作步骤	操作情况	其他
安全防护准备	正常完成□　异常□	
仪表信息检查	正常□　异常□	
动力蓄电池系统信息认知	正常完成□　异常□	
高压下电操作	正常完成□　异常□	
动力蓄电池高压线束外观检查	正常完成□　异常□	
动力蓄电池低压线束外观检查	正常完成□　异常□	
高压上电操作	正常完成□　异常□	

三、功能验证		
仪表故障指示灯	不亮□　　亮□＿＿＿＿＿＿＿＿＿＿	
维修技师签字：	日期：	

课后测评

一、判断题

1. 新能源汽车是指采用新型动力系统，完全或主要依靠新型能源驱动的汽车。（　　）

2. 纯电动汽车就是驱动能量完全由电能提供的、由电机驱动的汽车。（　　）

3. 混合动力汽车是指采用非传统燃料，同时配以电机来改善低速动力输出和燃油消耗的汽车。（　　）

4. 太阳能汽车在纯电动汽车的基础上，将太阳能转化为电能、由电机驱动的汽车。（　　）

5. DC/DC 变换器用于车载 12V 电源系统供电。（　　）

6. 燃料电池安装在前排座椅下方，是整车的电力来源，在这里氢气和氧气发生反应产生电能。（　　）

二、选择题

1. 下列中不属于纯电动汽车结构的是（　　）。

A. 动力蓄电池　　　　B. 电机　　　　　　C. 电机控制器　　　D. 发动机

2. 燃料电池的排放物是（　　）。

A. 水　　　　　　　　B. 二氧化碳　　　　C. 一氧化碳　　　　D. 非甲烷烃

3. 燃料电池通过（　　）和（　　）发生反应产生电。

A. 汽油、氧气　　　　B. 氮气、氧气　　　C. 氢气、氧气　　　D. 水、氧气

4. 以下不属于燃料电池电动汽车的部件的是（　　）。

A. 驱动电机　　　　　B. 发动机　　　　　C. 增湿器　　　　　D. 燃料电池

项目五

5

智能网联汽车技术

项目描述

通过对本项目的学习，学生能够清楚地认知智能网联汽车相关概念；认知智能网联汽车系统构成及其应用。

任务一　智能网联汽车的认知

任务目标

1. 认知智能网联汽车相关概念。
2. 认知智能网联汽车系统构成。

知识课堂

一、智能网联汽车相关概念

与智能网联汽车相关的概念有智能汽车、无人驾驶汽车、车联网和智能交通系统等。

1. 智能汽车

智能汽车是在一般汽车上增加雷达、摄像头等先进传感器、控制器、执行器等装置，通过车载环境感知系统和信息终端实现与车、路、人等的信息交换，使车辆具备智能环境感知能力，能够自动分析车辆行驶的安全及危险状态，并使车辆按照人的意愿到达目的地，最终实现替代人来操作的目的。

2. 无人驾驶汽车

无人驾驶汽车是通过车载环境感知系统感知道路环境、自动规划和识别行车路线并控制车辆到达预定目标的智能汽车，如图5-1所示。无人驾驶汽车利用环境感知系统来感知车辆周围环境，并根据感知所获得的道路状况、车辆位置和障碍物信息等，控制车辆的行驶方向和速度，从而使车辆能够安全可靠地在道路上行驶。无人驾驶汽车是汽车智

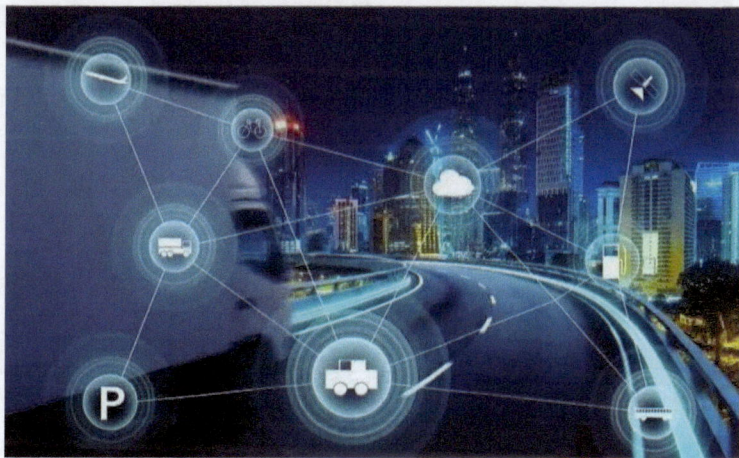

图 5-1　无人驾驶汽车

能化、网络化的终极发展目标。

3. 车联网

车联网（IOV）是以车内网、车际网和车载移动互联网为基础，按照约定的体系架构及其通信协议和数据交互标准，实现 V2X（V 代表汽车，X 代表车、路、行人及应用平台等）无线通信和信息交换，以实现智能化交通管理、智能动态信息服务和车辆智能化控制的一体化网络，是物联网技术在智能交通系统领域的延伸，如图 5-2 所示。

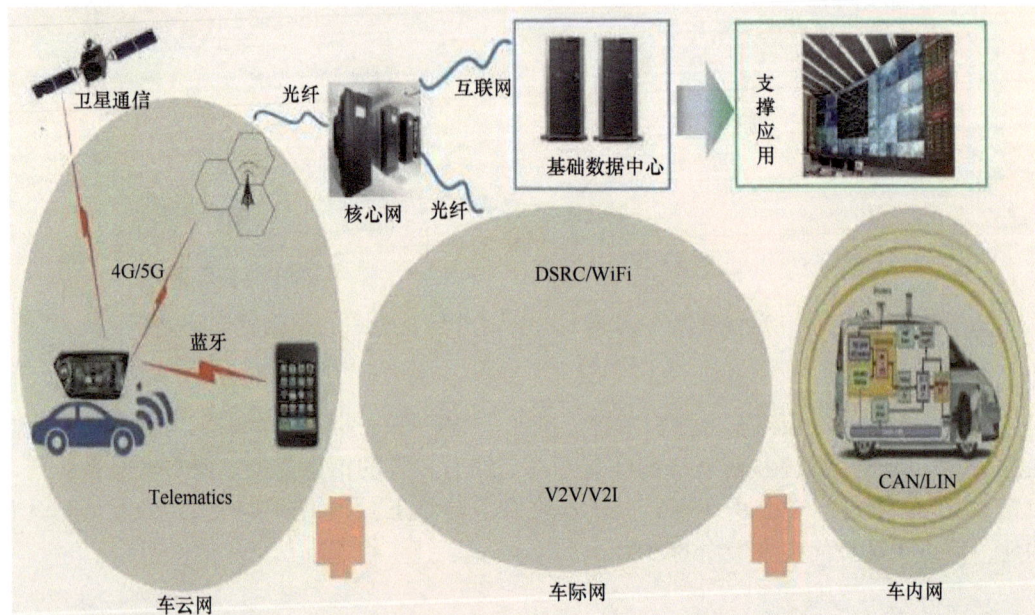

图 5-2　车联网

4. 智能交通系统

智能交通系统（ITS）是未来交通系统的发展方向，它是将先进的信息技术、计算机处理技术、数据通信技术、传感器技术、电子控制技术、运筹学、人工智能等有效地集成运用于整个地面交通管理系统而建立的一种大范围、全方位发挥作用的，实时、准确、高效的综合交通运输管理系统。智能交通系统是随着车联网技术的发展而不断发展的，车联网的终极目标就是智能交通系统，图 5-3 为先进完备的智能汽车路网基础设施体系。

5. 智能网联汽车

智能网联汽车（ICV）是一种跨技术、跨产业领域的新兴汽车体体系，从不同角度、不同背景对它的理解是有差异的，各国对智能网联汽车的定义不同，叫法也不尽相同，但终极目标是一样的，即可上路安全行驶的无人驾驶汽车，如图 5-4 所示。

从狭义上讲，智能网联汽车是搭载先进的车载传感器、控制器、执行器等装置，并融合现代通信与网络技术，实现 V2X 智能信息交换、共享，具备复杂的环境感知、智能决策、协同控制和执行等功能，可实现安全、舒适、节能、高效行驶，并最终可替代人来操作的新一代汽车。

从广义上讲，智能网联汽车以车辆为主体和主要节点，融合现代通信和网络技术，

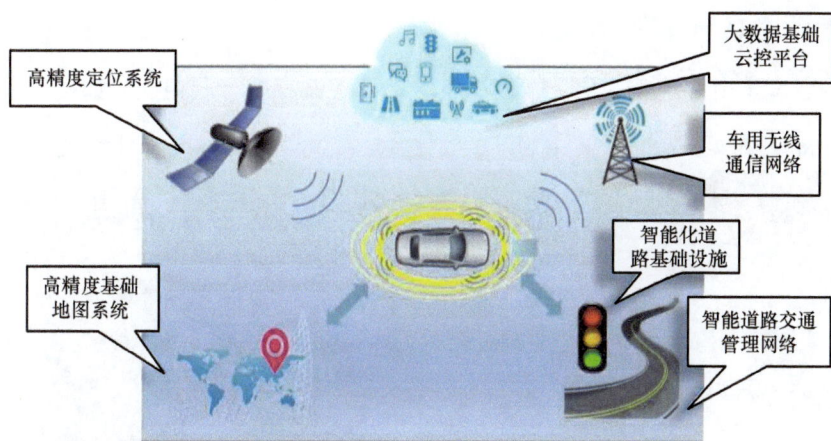

图 5-3　智能汽车路网基础设施体系

图 5-4　智能网联汽车

使车辆与外部节点实现信息共享和协同控制,以达到车辆安全、有序、高效、节能行驶的新一代多车辆系统。

　　智能网联汽车、无人驾驶汽车、车联网、智能交通系统有密切相关性,但没有明显分界线,如图 5-5 所示。

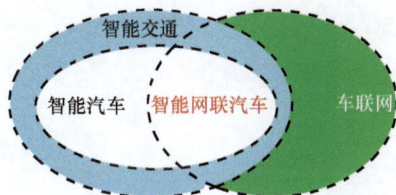

图 5-5　智能网联汽车相关概念关系

汽车概论

二、智能网联汽车系统构成

智能网联汽车由环境感知层、智能决策层以及控制和执行层组成，如图5-6所示。

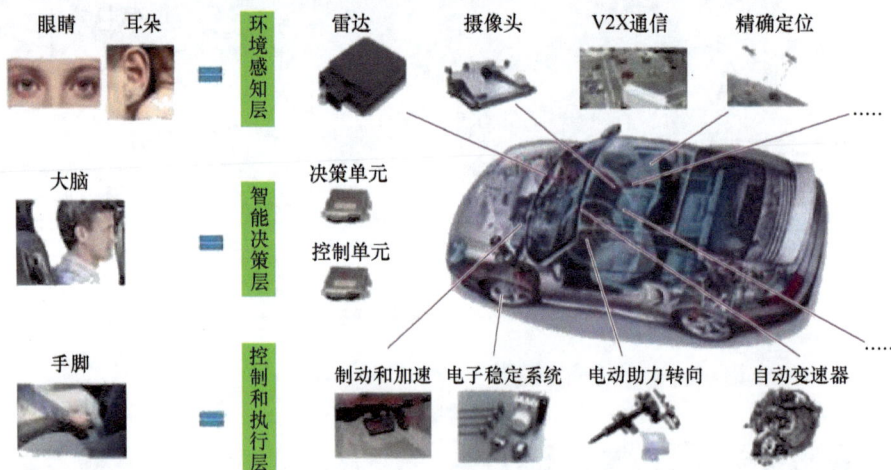

图 5-6　智能网联汽车的三个产品层次

1. 环境感知层

环境感知层的主要功能是通过车载环境感知技术、卫星定位技术、4G/5G 及 V2X 无线通信技术等，实现对车辆自身属性和车辆外在属性（如道路、车辆和行人等）静、动态信息的提取和收集，并向智能决策层输送信息。

2. 智能决策层

智能决策层的主要功能是接收环境感知层的信息并进行融合，对道路、车辆、行人、交通标志和交通信号等进行识别，决策分析和判断车辆驾驶模式和将要执行的操作，并向控制和执行层输送指令。

3. 控制和执行层

控制和执行层的主要功能是按照智能决策层的指令，对车辆进行操作和协同控制，并为联网汽车提供道路交通信息、安全信息、娱乐信息、救援信息、商务办公、网上消费等，保障汽车安全行驶和舒适驾驶。

课堂问答

根据知识课堂的内容完成下列各项任务。

1）与智能网联汽车相关的概念有＿＿＿＿＿＿、＿＿＿＿＿＿、＿＿＿＿＿＿和＿＿＿＿＿＿等。

2）无人驾驶汽车是通过＿＿＿＿＿＿、＿＿＿＿＿＿和识别行车路线并控制车辆到达预定目标的智能汽车。

3）简述智能网联汽车系统构成。

项目五　智能网联汽车技术

课堂互动

1. 小组评价（见表5-1，50分）

表5-1　小组评价表

考核项目	考核内容	评分标准	配分	扣分	得分
智能网联汽车相关概念	1. 智能汽车 2. 无人驾驶汽车 3. 车联网 4. 智能交通系统 5. 智能网联汽车	根据情况酌情扣分	30分		
智能网联汽车系统构成	1. 环境感知层 2. 智能决策层 3. 控制和执行层	根据情况酌情扣分	20分		

2. 教师总体评价（50分）

任务二　智能网联汽车的应用及先进驾驶辅助系统

任务目标

1. 熟悉智能网联汽车在安全行驶方面的应用。
2. 熟悉智能网联汽车在节能环保方面的应用。
3. 熟悉智能网联汽车在商务办公方面的应用。
4. 熟悉智能网联汽车在信息娱乐服务方面的应用。
5. 了解常见的先进驾驶辅助系统。

一、智能网联汽车的应用

1. 在安全行驶方面的应用

安全行驶是智能网联汽车最主要的功能，通过环境感知技术、无线通信技术和网络技术等对诸如交叉路口协助驾驶、车辆行车预警、道路危险预警、碰撞预警、交通信息提示等技术的综合应用来减少道路交通事故，保障安全行驶，如图 5-7 所示。

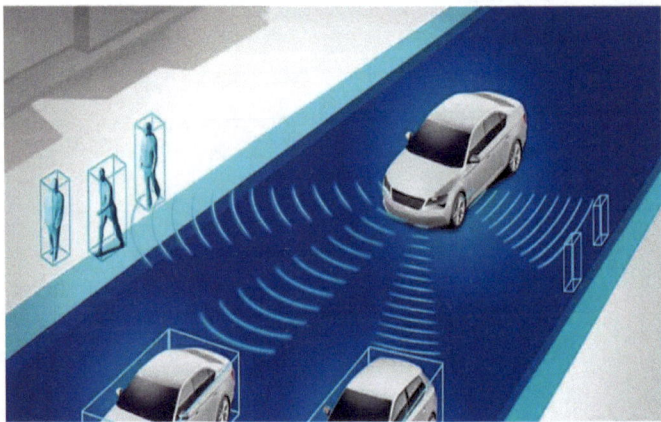

图 5-7　智能网联汽车在安全行驶方面的应用

2. 在节能环保方面的应用

智能网联汽车通过雷达、机器视觉等，提前预知交通控制信号、限速标识、道路坡度等，从而可提前通过车辆控制器实施经济驾驶策略，最终实现车辆的节能与环保行驶。图 5-8 为智能网联汽车节能控制示意图。

3. 在商务办公方面的应用

智能网联汽车可以让人们在行进的汽车内随时随地购物和支付，应用场景包括网上商场、快餐店、加油站、停车场等。同时，还可以利用无线通信技术和网络技术开展文件传输、视频对话、会议交流等，如图 5-9 所示。

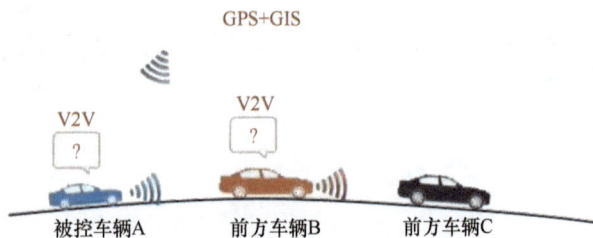

图 5-8　智能网联汽车节能控制示意图

4. 在信息娱乐服务方面的应用

智能网联汽车可以提供各种信息、娱乐、预约、应急服务等，随着各种车载专用 App 的开发，并能过智能手机和车载单元连接，实现信息互联。如图 5-10 所示，通过智能手机查看车辆信息。

图5-9 智能网联汽车在商务办公方面的应用

图5-10 通过智能手机查看车辆信息

二、先进驾驶辅助系统

先进驾驶辅助系统（ADAS）是利用环境感知技术采集汽车、驾驶人和周围环境的动态数据并进行分析处理，通过提醒驾驶人或执行器介入汽车操纵以实现驾驶安全性和舒适性的一系列技术的总称。常见的先进驾驶辅助系统如下：

1. 自适应巡航控制系统

自适应巡航控制系统（ACC）是在定速巡航控制系统基础上发展起来的新一代汽车先进驾驶辅助系统。它将汽车定速巡航控制系统（CCS）和车辆前向撞击报警系统（FCWS）有机结合起来，既有定速巡航系统的全部功能，还可以通过车载雷达等传感器监测汽车前方的道路交通环境，一旦发现当前行驶车道的前方有其他前行车辆，将根据本车与前车之间的相对距离及相对速度等信息，对车辆进行纵向速度控制，使本车与前车保持安全距离，避免追尾事故发生，如图5-11所示。

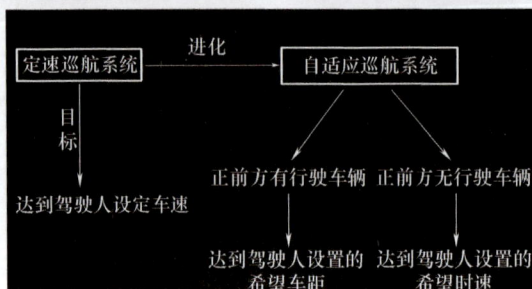

图5-11 自适应巡航控制系统

2. 车道偏离报警系统

车道偏离报警（LDW）系统是一种通过报警或振动等方式辅助驾驶人减少汽车因车道偏离而发生交通事故的系统。该系统通过摄像头检测前方车道线，计算出车身与车道线之间的距离，判断汽车是否偏离车道；驾驶人无意识（未打转向灯）偏离原车道时，系统能在偏离车道0.5s之前发出警告或转向盘开始振动，提示驾驶人回到本车道内，减少因汽车偏离车道引发的危险，如图5-12所示。

3. 车道保持辅助系统

车道保持辅助（LKA）系统是在LDW系统的基础上对转向和制动系统协调控制，使汽车保持在预定的车道上行驶，减轻驾驶人负担，防止失误的系统，如图5-13所示。车

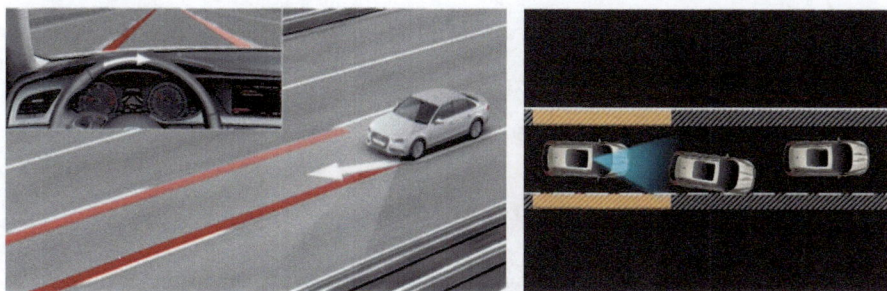

图 5-12　车道偏离报警系统

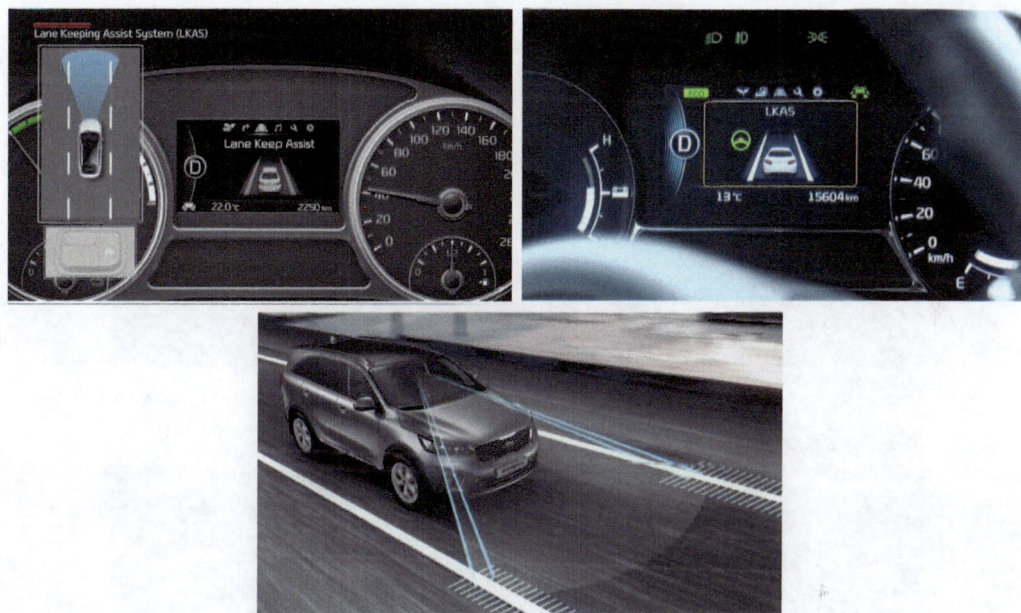

图 5-13　车道保持辅助系统

道保持辅助系统能够暂时接管并控制车辆主动驶回原车道，如果对车辆控制介入程度更高，还可以根据需要进行主动制动减速等一系列复杂的动作。

4. 并线辅助系统

并线辅助系统也称盲区监测系统，通过车载传感器检测后方来车，在左右两个后视镜内或者其他地方提醒驾驶人后方安全范围内有无来车，从而消除视线盲区，提高行车安全，如图 5-14 所示。

5. 自动制动辅助系统

自动制动辅助（AEB）系统，也叫主动制动系统，它可以预测潜在的碰撞危险并及时通知驾驶人，而且在必要的情况下，此系统会自动控制制动踏板完成制动操作，以避免或减轻碰撞伤害，如图 5-15 所示。

6. 自适应前照明系统

自适应前照明系统（AFS）是一种照明装置，它能够根据天气情况、外部光线、道路

图 5-14　并线辅助系统

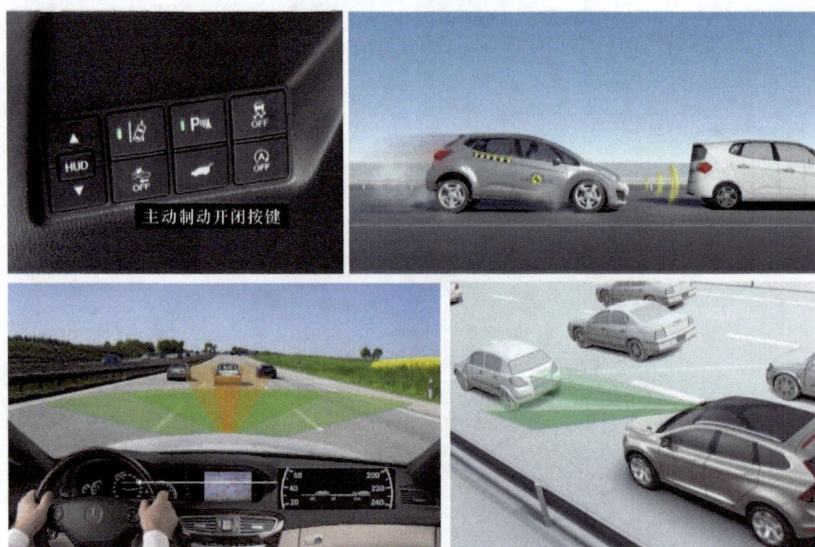

图 5-15　自动制动辅助系统

状况以及行驶信息来自动改变前照明系统的工作模式，调整照射光线的光形，消除因为夜间或者能见度低时转弯或者其他特殊行驶条件下带来的视野暗区，能够为驾驶人提供更宽范围、更为可靠的照明视野，保证驾驶人和道路行人的安全，如图 5-16 所示。

7. 夜视辅助系统

夜视辅助系统是一种利用红外成像技术辅助驾驶人在黑夜中看清道路、行人和障碍物等，减少事故发生，增强主动安全的系统，如图 5-17 所示。

8. 平视显示系统

平视显示（HUD）系统，也称抬头显示系统，它是利用光学反射原理，将汽车驾驶辅助信息、导航信息、检查控制信息等以投影方式显示在风窗玻璃上或约 2m 远的前方（发动机舱罩尖端的上方），阅读起来非常舒适，同时还可以显示来自各个驾驶辅助系统的警告信息，对于行车安全起着很好的辅助作用，如图 5-18 所示。

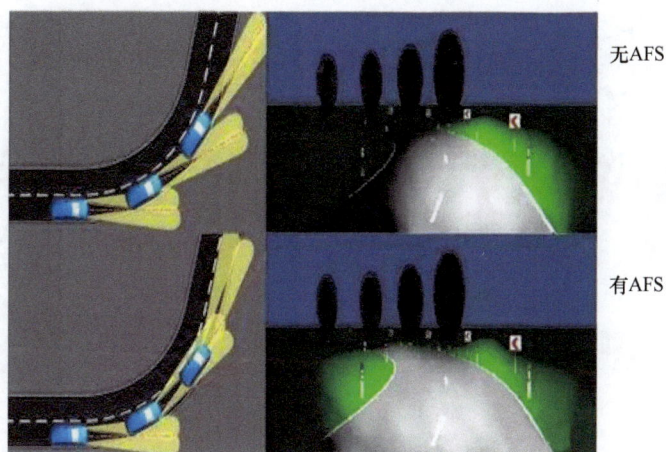

图 5-16　自适应前照明系统

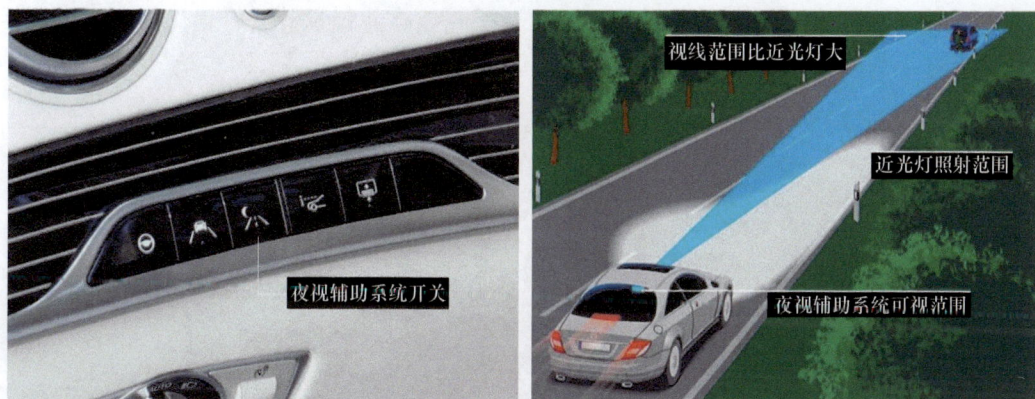

图 5-17　夜视辅助系统

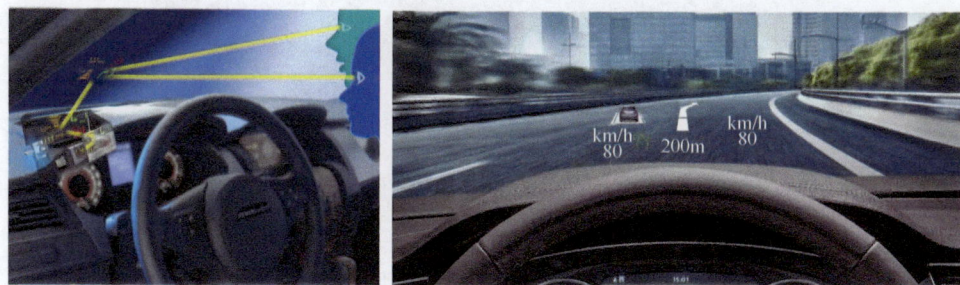

图 5-18　平视显示系统

9. 自动泊车辅助系统

自动泊车辅助（PA）系统是利用车载传感器探测有效泊车空间并辅助控制车辆完成泊车操作的一种先进驾驶系统，如图 5-19 所示。

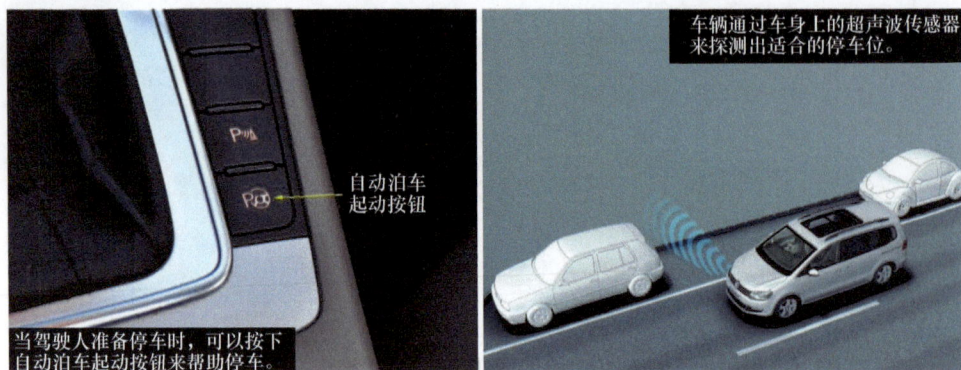

图 5-19　自动泊车辅助系统

10. 驾驶人疲劳预警系统

驾驶人疲劳预警系统是指在驾驶人精神状态下滑或进入浅层睡眠时，系统会根据驾驶人精神状态指数分别给出语音提示、振动提醒、电脉冲警示等，警告驾驶人已经进入疲劳状态，需要休息，如图 5-20 所示。

图 5-20　驾驶人疲劳预警系统

11. 涉水感应系统

当车辆行驶经过涉水路面时，外后视镜下侧的超声波传感器也可监测出后视镜与水面之间的距离。如路虎自主开发的"Wade Sensing"涉水感应系统一旦涉水便开始计算涉水深度，并将相关信息显示在中控台触摸屏上，同时在车辆接近最大涉水深度时，向驾驶人发出警示信号，如图 5-21 所示。

12. 道路交通标志识别辅助系统

道路交通标志识别辅助系统，通过用安置于车辆前方的摄像头（常借助车道保持辅助系统中的摄像头）检测道路标志（限速、禁止超车等），在 HUD 系统中或仪表上显示相应内容，以提醒驾驶人注意，如图 5-22 所示。

图 5-21　涉水感应系统

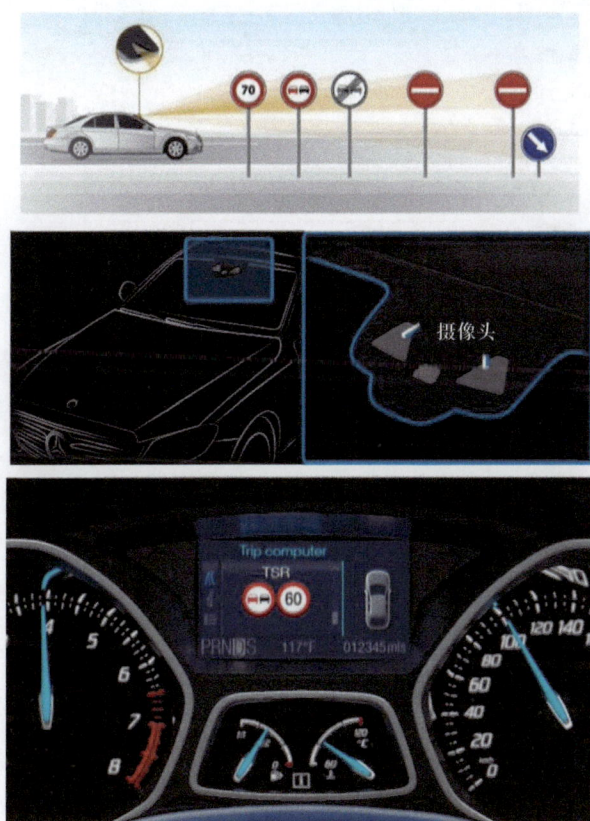

图 5-22　道路交通标志识别辅助系统

 课堂问答

根据知识课堂的内容完成下列各项任务。

1）智能网联汽车的应用包括＿＿＿＿＿＿＿＿、＿＿＿＿＿＿＿＿、＿＿＿＿＿＿＿和

_____四个方面。

2）简述常见的先进驾驶辅助系统。

课堂互动

1. 小组评价（见表5-2，50分）

表5-2　小组评价表

考 核 项 目	考 核 内 容	评 分 标 准	配分	扣分	得分
智能网联汽车的应用	1. 在安全行驶方面 2. 在节能环保方面 3. 在商务办公方面 4. 在信息娱乐服务方面	根据情况酌情扣分	20分		
先进驾驶辅助系统	1. 自适应巡航控制系统 2. 车道偏离报警系统 3. 车道保持辅助系统 4. 并线辅助系统 5. 自动制动辅助系统 6. 自适应前照明系统 7. 夜视辅助系统 8. 平视显示系统 9. 自动泊车辅助系统 10. 驾驶人疲劳预警系统 11. 涉水感应系统 12. 道路交通标志识别辅助系统	根据情况酌情扣分	30分		

2. 教师总体评价（50分）

课 后 实 践

班级		姓名		日期	

任务描述：某4S店新进一款车，该款车型配备了先进驾驶辅助系统，将作为本期品牌的主打销售车型。作为销售顾问，将如何把该车配备的先进驾驶辅助系统介绍给客户，彰显该车在众多车型中的优势、凸显该车型的特色。

汽车品牌		车辆识别代号		外观颜色	
车型		行驶里程			

配备的先进驾驶辅助系统	1. _____ 2. _____ 3. _____ 4. _____
先进驾驶辅助系统介绍	
先进驾驶辅助系统运行展示	

课 后 测 评

一、判断题

1. 与智能网联汽车相关的概念有智能汽车、无人驾驶汽车、车联网和智能交通系统等。（   ）

2. 无人驾驶汽车是通过车载环境感知系统感知道路环境、自动规划和识别行车路线并控制车辆到达预定目标的智能汽车。（   ）

3. 智能网联汽车、无人驾驶汽车、车联网、智能交通系统没有任何相关性，有着明显的分界线。（   ）

二、选择题

1. 不属于智能网联汽车环境感知层的是（   ）。

A. 摄像头　　　　　　B. 转向控制　　　　　　C. 夜视传感器　　　　　　D. 激光雷达

2. 不属于智能网联汽车组成的是（   ）。

A. 智能决策层　　　　　　　　　　　　B. 控制和执行层

C. 管理层　　　　　　　　　　　　　　D. 摄像头

3. 关于智能网联汽车的应用，说法不正确的是（   ）。

A. 安全行驶方面　　　　　　　　　　　B. 节能环保方面

C. 商务办公方面　　　　　　　　　　　D. 手机蓝牙连接

项目六

6

汽车维护基础

项目描述

通过对本项目的学习，学生可熟悉汽车维护中常用到的工具、量具和油液，掌握工具的使用、量具的使用和读数、车用油液的选用等内容，通过训练能将相关知识与技能运用到平时的生活和工作中。

任务一　汽车常用工量具的认知

任务目标

1. 熟知汽车常用工量具的名称。
2. 熟知汽车常用工量具的作用。

知识课堂

一、工具

1. 通用工具

通用工具是一种用于拧紧或旋松螺栓、螺母等螺纹紧固件的装卸常用工具。

（1）**呆扳手**　呆扳手一端或两端制有固定尺寸的开口，用以拧转一定尺寸的螺母或螺栓，有单头呆扳手和双头呆扳手两种，如图 6-1 所示。

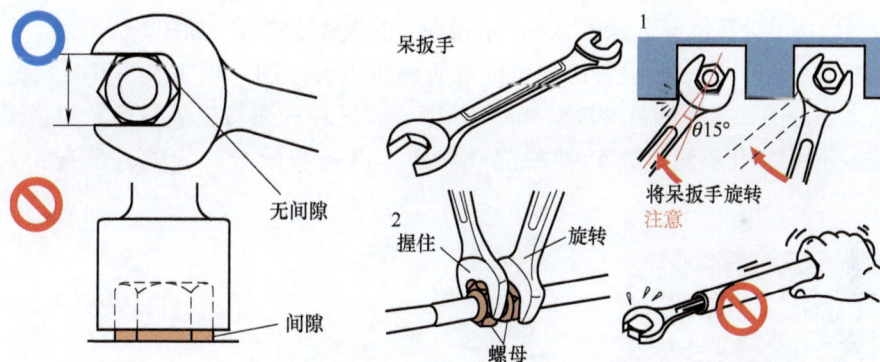

图 6-1　呆扳手

（2）**梅花扳手**　梅花扳手是两端具有六角孔或十二角孔的工作端，适用于工作空间狭小，不能使用普通扳手的场合，如图 6-2 所示。

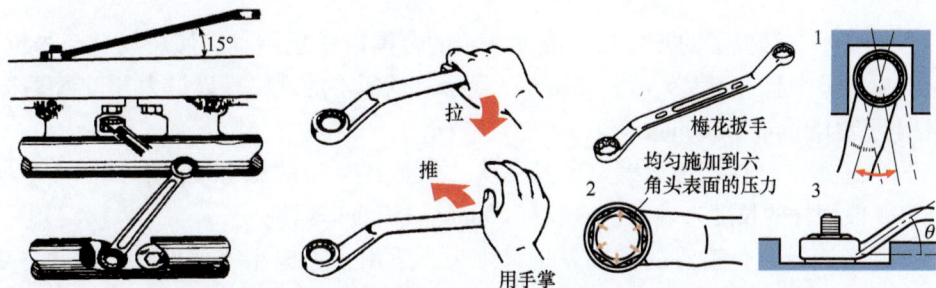

图 6-2　梅花扳手

（3）两用扳手　两用扳手指一端与单头呆扳手相同，另一端与梅花扳手相同，两端拧转相同规格的螺栓或螺母的扳手，如图6-3所示。

（4）内六角扳手　内六角扳手是用来拆装内六角螺栓（螺塞）用的，规格以六角形对边尺寸 S 表示，有 3mm~27mm 13 种，汽车维修作业中用有成套内六角扳手，可拆装 M4~M30 的内六角螺栓，如图6-4所示。

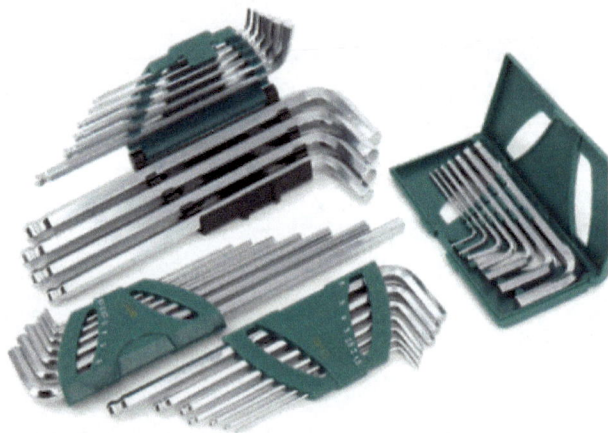

图 6-3　两用扳手　　　　　　　图 6-4　内六角扳手

（5）套筒扳手　套筒扳手由多个带六角孔或十二角孔的套筒及手柄、接杆等多种附件组成，特别适用于拧转位于十分狭小或凹陷很深处的螺栓或螺母，如图6-5所示。

（6）扭力扳手　扭力扳手是一种可读出所施转矩大小的专用工具，其规格是以最大可测转矩来划分的，常用的有 294N·m 、490N·m 两种；扭力扳手除用来控制螺纹件旋紧力矩外，还可以用来测量旋转件的起动转矩，以检查配合、装配的情况，如图 6-6 所示。

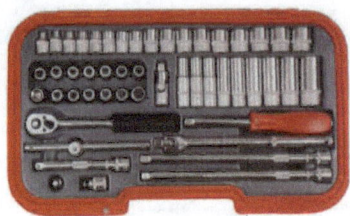

图 6-5　套筒扳手　　　　　　　图 6-6　扭力扳手

（7）活扳手　活扳手的开口尺寸能在一定的范围内任意调整，使用场合与呆扳手相同，但活扳手操作起来不太灵活，如图6-7所示。活扳手的规格是以最大开口宽度来表示的，常用的有 150mm 、300mm 等。

（8）普通螺钉旋具　普通螺钉旋具是头、柄造在一起的螺钉旋具，如图6-8所示。它的规格一般用杆的长度来表示，一般有 50mm~350mm 多种。

（9）鲤鱼钳　鲤鱼钳头的前部是平口细齿，适用于夹捏小零部件，中部凹口粗长，用于夹持圆柱形零部件，也可以代替扳手旋小螺栓、小螺母，钳口后部的刃口可剪切金

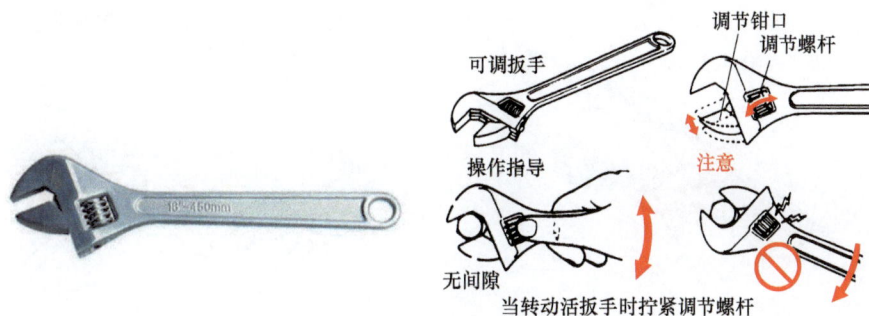

图6-7　活扳手

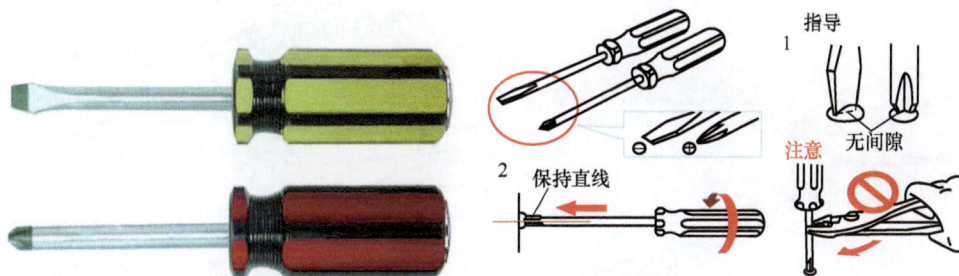

图6-8　普通螺钉旋具

属丝，如图6-9所示，规格以钳长来表示，一般有165mm、200mm两种，用50钢制造。

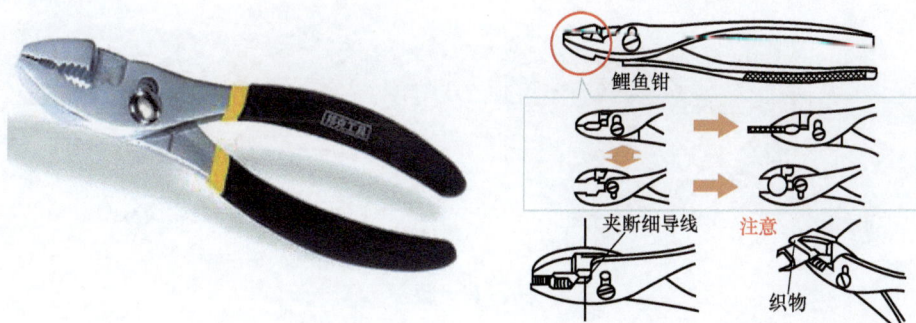

图6-9　鲤鱼钳

（10）**钢丝钳**　钢丝钳的用途和鲤鱼钳相仿，但其支销相对于两片钳体是固定的，故使用不如鲤鱼钳灵活，但剪断金属丝的效果比鲤鱼钳好，如图6-10所示，规格有150mm、175mm和200mm三种。

（11）**尖嘴钳**　尖嘴钳的头部细长，所以能在较小的空间工作，能剪切细小零部件，使用时不能用力太大，否则钳口头部会变形或断裂，规格以钳长来表示，常用的规格为160mm，如图6-11所示。

（12）**锤子**　锤子又称圆顶锤，其锤头一端是略有弧形的平面，是基本工作面，另一端是球面，用来敲击凹凸形状的工件。锤子是用于敲击或捶打物体的工具，如图6-12所示。

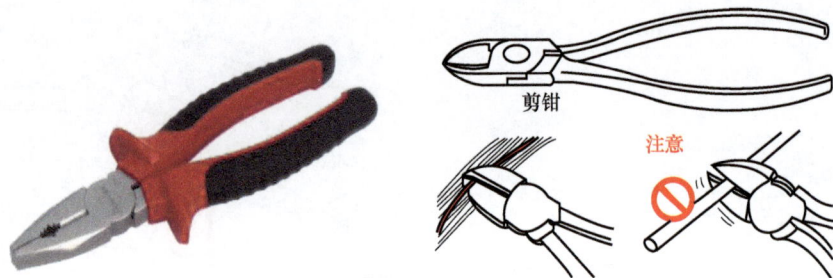

图 6-10　钢丝钳

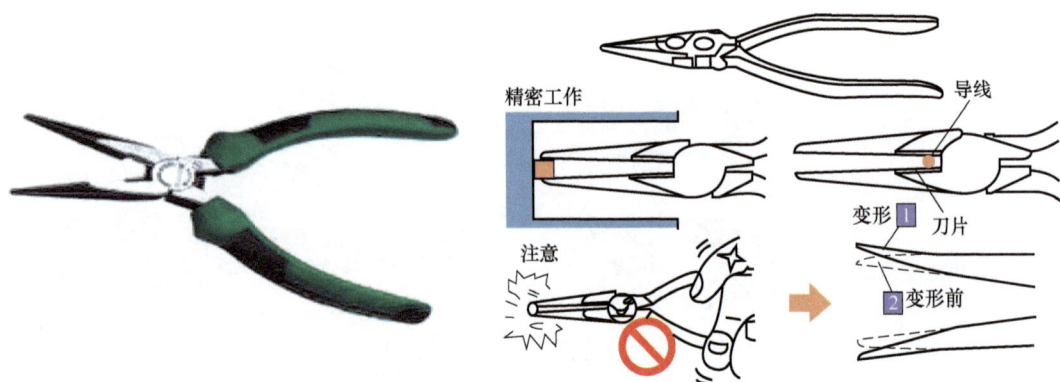

图 6-11　尖嘴钳

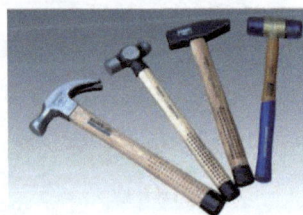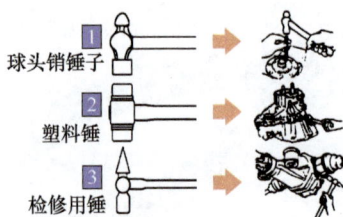

图 6-12　锤子

2. 专用工具

（1）**火花塞套筒扳手**　用来拆装火花塞的专用工具，如图 6-13 所示。

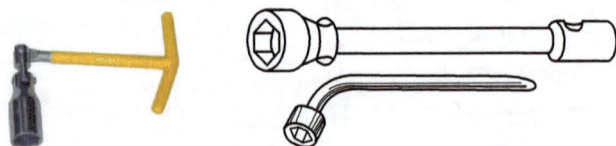

图 6-13　火花塞套筒扳手

（2）**卡簧钳**　如图 6-14 所示，有孔用卡簧钳和轴用卡簧钳两种，是用来安装或取出卡簧的专用工具。

（3）**活塞环拆装钳**　用于装卸发动机活塞环的专用工具，可避免活塞环因受力不均匀而折断，如图6-15所示。

常态时钳口打开的是孔用卡簧钳

常态时钳口闭合的是轴用卡簧钳

图6-14　卡簧钳

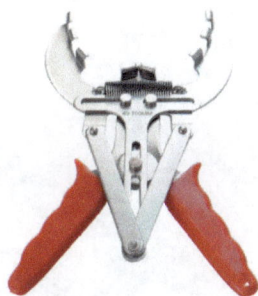

图6-15　活塞环拆装钳

（4）活塞环压缩器　用于压缩活塞环以便于安装活塞的专用工具，如图6-16所示。

（5）气门弹簧拆装架　一种专门用于拆装顶置气门弹簧的工具，如图6-17所示。

图6-16　活塞环压缩器

图6-17　气门弹簧拆装架

小知识

使用气门弹簧拆装架时，将拆装架托架抵住气门，压环对正气门弹簧座，然后压下手柄，使得气门弹簧被压缩。这时可取下气门弹簧锁销或锁片，慢慢地松抬手柄，即可取出气门弹簧座、气门弹簧和气门等。

（6）顶拔器　用于拆卸带轮轴承等的工具，如图6-18所示。常用的为手动式，在一杆式弓形叉上装有压力螺杆和拉爪。使用时，在轴端与压力螺杆之间垫一垫板，用顶拔器的拉爪拉住齿轮或轴承，然后拧紧压力螺杆，即可从轴上拉下齿轮。

（7）千斤顶　一种最常用、最简单的起重工具，如图6-19所示。

二、量具

1. 钢卷尺

钢卷尺，如图6-20所示，规格有1m、2m、3.5m、5m、10m、50m等多种，主要用来测量构件的尺寸。

图 6-18　顶拔器

图 6-19　千斤顶

2. 游标卡尺

游标卡尺主要由尺身、内测量爪、外测量爪、游标尺、紧固螺钉、深度尺等组成，如图 6-21 所示。

3. 外径千分尺

外径千分尺又称螺旋测微仪或分厘卡，如图 6-22 所示，是比游标卡尺更精密的测量长度的工具，其分度值为 0.01mm。

4. 塞尺

塞尺主要用来测量或检验装配零部件之间间隙的大小，如图 6-23 所示。其规格主要有 0.02 ~ 0.10mm、0.02 ~ 0.50mm、0.05 ~ 1.00mm 等多种。

5. 百分表

百分表利用指针和刻度将心轴移动量放大来表示测量尺寸，主要用于测量工件的尺寸误差以及配合间隙，如图 6-24 所示。

图 6-20　钢卷尺

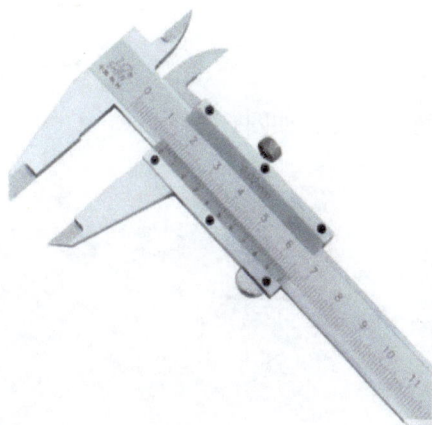
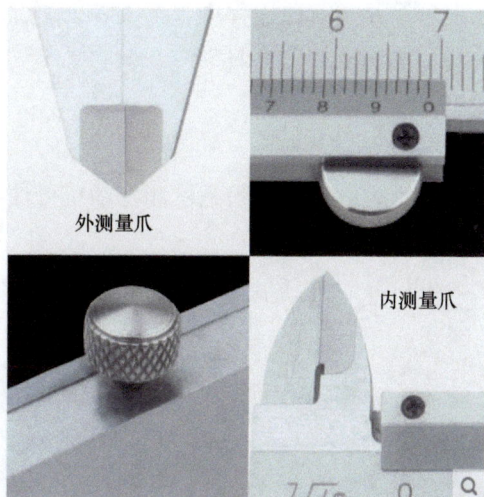

外测量爪

内测量爪

图 6-21　游标卡尺

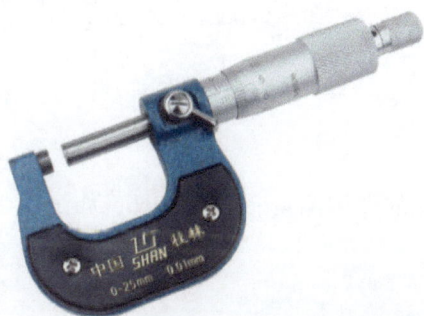

图 6-22　外径千分尺

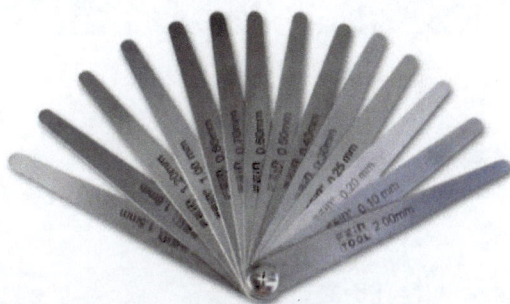

图 6-23　塞尺

6. 胎压表

胎压表是轮胎气压表的简称，主要用于汽车保养及维护、维修过程中对轮胎胎压进行检测和调整，如图 6-25 所示。

图 6-24　百分表

图 6-25　胎压表

项目六　汽车维护基础

147

在汽车保养或维护过程中，需对汽车轮胎进行压力检测和充注。在检测和充注前需要先了解车辆的正常轮胎的压力。一般汽车轮胎的压力标准都会标签在油箱盖或 B 柱上，如图 6-26 所示。

7. 燃油压力表

燃油压力表的主要功用是检测发动机燃油系统的压力，如图 6-27 所示。

图 6-26　轮胎胎压标准

图 6-27　燃油压力表

8. 机油压力表

机油压力表是用来检测发动机润滑系统工作性能的专用测量和诊断工具，如图 6-28 所示。

9. 气缸压力表

气缸压力表是一种专用压力表，一般由表头、导管、单向阀和接头等组成。气缸压力表接头有螺纹管接头和锥形或阶梯形橡胶接头两种，如图 6-29 所示。

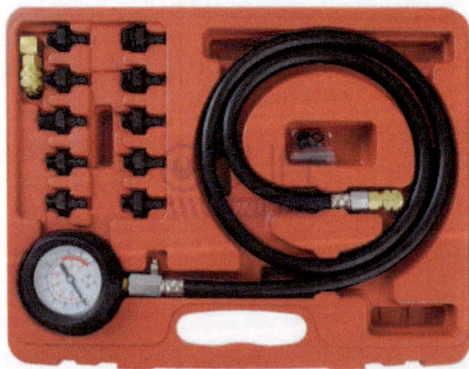

图 6-28　机油压力表

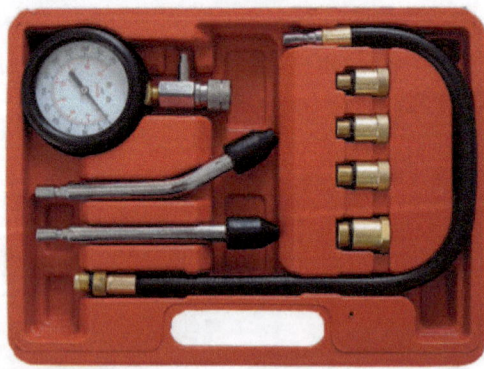

图 6-29　气缸压力表

10. 万用表

万用表是汽车维修中最常用的电路测量工具，它最基本的功能是测量电压、电流、电阻。按其类型可分为指针式万用表和数字式万用表两种，如图 6-30 和图 6-31 所示。

刻度显示盘

调零旋钮(粗调)

晶体管插孔

电压、电阻及小于
250mA电流插孔

接地

调零

旋钮开关：用于
改变测量功能

10A电流插孔

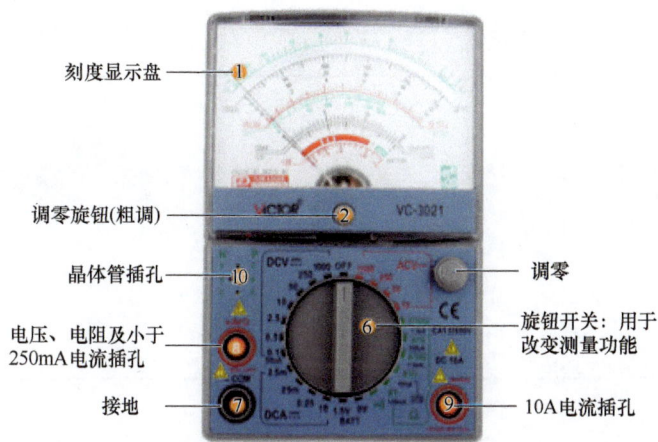

图 6-30 指针式万用表

图 6-31 数字式万用表

课堂问答

根据知识课堂的内容完成下列各项任务。

1）通用的拆装工具有哪些？

2）常用量具有哪些？

3）简述量具在使用过程中的注意事项。

课堂互动

1. 小组评价（见表6-1，50分）

表 6-1 小组评价表

考核项目	考核内容	评分标准	配分	扣分	得分
工具	通用工具的正确使用	某项不符合要求不给分	20分		
量具	量具的正确使用	某项不符合要求不给分	15分		
读数	各量具数值的正确读取	某项不符合要求不给分	15分		

2. 教师总体评价（50 分）

任务二　汽车主要油液的认知

任务目标

1. 了解汽车常用油液。
2. 熟悉汽车常用油液的作用。

知识课堂

一、汽油及柴油

1. 汽油

汽油标号，如图 6-32 所示，有"92 号、95 号、98 号"。

汽油标号的高低表示汽油辛烷值的大小。辛烷值越高，抗爆性越好；汽油标号越高，适用汽油机的压缩比越大。

小知识

汽油的质量要求有良好的蒸发性、抗爆性好、安定性好、抗腐蚀性要好。

2. 柴油

柴油是在 260～350℃ 的温度范围内从石油中提炼出来的，主要由碳、氢和部分氧组成。柴油按馏分轻重可分为重柴油和轻柴油两种，其中重柴油适用于 1000r/min 以下的中、低速柴油机，轻柴油则适用于 1000r/min 以上的高速柴油机。柴油的颜色为茶黄色或棕褐色，摇动气泡小，手感光滑，挥发慢。

柴油标号，如图 6-33 所示，轻柴油按凝点可分为 5 号、0 号、－10 号、－20

号、−35 号和 −50 号 6 个标号，气温低，应选用凝点较低的轻柴油，反之，则应选用凝点较高的轻柴油。0#轻柴油适合于最低气温 4℃ 以上的地区使用，其凝点不高于 0℃。

图 6-32　汽油标号

图 6-33　柴油标号

小知识

柴油检测的主要指标有燃烧性、蒸发性、流动性、安定性和腐蚀性等。

二、发动机机油

目前，市场上的机油因其基础油不同可简分为矿物油及合成油两种（植物油产量稀少故不计），如图 6-34 和图 6-35 所示。合成油又分为全和成油、半合成油。

图 6-34　矿物油

图 6-35　合成油

如图 6-36 所示，机油的黏度多使用 SAE 等级别标识，SAE 是英文"美国汽车工程师协会"的缩写。例如：SAE15W—40、SAE5W—40，"W"表示 winter（冬季），其前面的数字越小说明机油的低温流动性越好，代表可供使用的环境温度越低，在冷起动时对发动机的保护能力越好；"W"后面的数字则是机油耐高温性的指标，数值越大说明机油在高温下的保护性能越好。

（1）机油的作用　润滑减磨、冷却降温、清洗清洁、密封防漏、防锈防蚀、减振缓冲。

（2）机油的分级　S 开头系列代表汽油发动机用油，规格有 SA、SB、SC、SD、SE、SF、SG、SH、SJ、SL、SM。C 开头系列代表柴油发动机用油，规格有 CA、CB、CC、CD、CE、CF、CF-2、CF-4、CG-4、CH-4、CI-4。当 S 和 C 两个字母同时存在，表示该机油为汽/柴通用型。

三、自动变速器

自动变速器油简称 ATF（Automatic Transmission Fluid），如图 6-37 所示，是专门用于自动变速器的油液。ATF 既是液力变矩器的传动油，又是行星齿轮机构的润滑油和换档装置的液压油。

图 6-36　机油标号　　　　　　图 6-37　ATF

小知识

ATF 的作用

1）通过液力变矩器将发动机动力传递给变速器。

2）通过电控、液控系统传递压力和运动，完成对各换档元件的操纵。

3）冷却：将损耗在油液中的热量传导至冷却器中。

4）润滑：对行星齿轮机构和摩擦副强制润滑。

5）清洁运动零部件并起密封作用。

四、转向助力油

转向助力油是转向系统内动力传播的介质，如图 6-38 所示。

五、制动液

制动液是汽车液压制动系统中传递制动压力的液态介质，如图 6-39 所示。制动液有醇型制动液、矿物油型制动液和合成型制动液。

制动液要求黏温性好，凝固点低，低温流动性好；沸点高，高温下不产生气阻；使用过程中品质变化小，并不引起金属件和橡胶件的腐蚀和变质。

（1）平衡回流沸点　指在规定试验条件下测得的制动液的沸腾温度。

（2）湿平衡回流沸点　指在规定的试验条件下，加入一定量水分后测得的平衡回流沸点。

美国联邦机动车辆安全标准规格分为 DOT3、DOT4 和 DOT5。

国产制动液根据其平衡回流沸点分为 JG3、JG4、JG5 三个质量等级。

六、防冻液

防冻液的全称叫防冻冷却液，意为有防冻功能的冷却液，如图 6-40 所示。防冻液可以防止在寒冷冬季停车时冷却液结冰而胀裂散热器和冻坏发动机气缸体或盖。

图 6-38　转向助力油

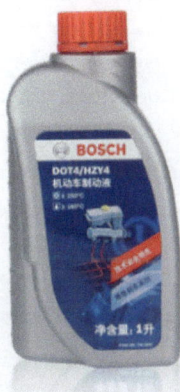

图 6-39　制动液

图 6-40　防冻液

防冻液的作用是防冻、防沸、防锈、防腐蚀、消除水垢、防止气泡产生。

小知识

防冻液使用注意事项：

1）尽量使用同一品牌的防冻液。

2）防冻液的有效期多为两年（个别产品会长一些），添加时应确认该产品在有效期内。

3）必须定期更换，一般为两年或每行驶 4 万 km 更换一次。

4）严禁用嘴接触，防冻液的添加剂中含有致癌物。

课堂问答

根据知识课堂的内容完成下列各项任务。

项目六　汽车维护基础

1）常用汽油的牌号有哪些？

2）防冻液的作用有哪些？

3）简述制动液的作用。

课堂互动

1. 小组评价（见表6-2，50分）

表6-2　小组评价表

考核项目	考核内容	评分标准	配分	扣分	得分
燃油、机油、制动液	实训车辆所选用燃油种类为_____、牌号为_____　实训车辆结合所在地区气候所选用的机油牌号为_____　实训车辆所规定选用制动液牌号为_____	某项不符合要求不给分	20分		
转向助力油	实训车辆所选用转向助力油牌号为_____	某项不符合要求不给分	15分		
防冻液	实训车辆所选用防冻液类型为_____，并测量其冰点为_____	某项不符合要求不给分	15分		

2. 教师总体评价（50分）

任务三　汽车日常维护

任务目标

1. 熟悉汽车日常维护的概念。
2. 熟悉汽车日常维护的内容。

知识课堂

1. 汽车日常维护

（1）定义　汽车日常维护也称例行保养，是各级维护的基础，是指驾驶人在每日出车前、行车中、收车后，针对车辆使用情况所做的一系列预防性为主的日常维护作业。

（2）中心内容　清洁、补给和安全检视。

2. 汽车日常维护的基本要求

驾驶人在汽车日常维护保养中，必须执行。

（1）三检　坚持出车前、行车中、收车后检视车辆的安全机构及各部件连接紧固情况。

（2）四清　保持空气滤清器、机油滤清器、燃油滤清器和蓄电池的清洁。

（3）四防　防止漏油、漏水、漏气、漏电。

3. 汽车日常维护作业内容

（1）出车前的日常维护

1）汽车外表：清洗。

2）检查门窗玻璃、刮水器、室内镜、后视镜、门锁与升降开关或摇柄，如图 6-41 所示。

3）检查散热器的水量、蓄电池电解液液面高度、曲轴箱机油量、油箱燃油储量，如图 6-42 所示。

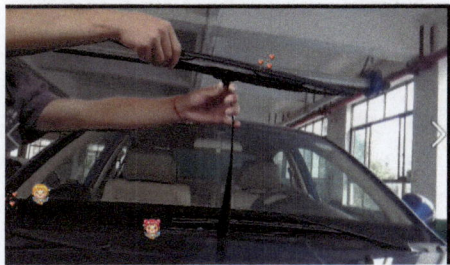

图 6-41　检查刮水器

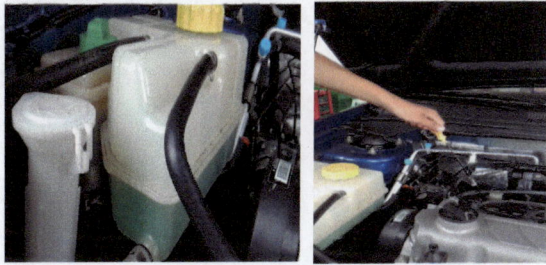

图 6-42　检查液面高度

4）检查喇叭、灯光。

5）检查转向机构各连接部位。

6）检查轮胎螺母、半轴螺栓、钢板弹簧骑马螺栓和 U 形螺栓连接情况。

7）检查车辆有无漏水、漏油、漏气、漏电现象，如图 6-43 所示。

8）检查仪表，如图 6-44 所示。

图 6-43　检查泄漏

图 6-44　检查仪表

9）检查轮毂轴承、转向节主销是否松动；检测转向盘的游动间隙。

10）检查轮胎气压、清除轮胎表面杂物，如图 6-45 所示。

图 6-45　检查轮胎气压

11）检查离合器和制动器踏板的自由行程。

（2）行车中的日常维护　汽车行驶中的日常维护包括途中检查和停车检查。

1）途中作业内容：

① 检查发动机和底盘有无异响和异味。

② 检查离合器和制动装置的工作情况。

③ 检查转向机构的工作情况。

④ 检查各个仪表和灯光照明装置的工作情况。

2）停车作业内容：

① 检查轮胎气压并清除胎间、胎纹中的杂物。

② 检查有无漏水、漏油、漏气、漏电现象。

③ 检查车轮制动器有无拖滞、发咬或发热现象，驻车制动的作用是否可靠。

④ 检查转向机构、操纵机构等连接部位是否牢靠。

（3）收车后的日常维护

1）清洗汽车外表。

2）全车检漏、补给。检查全车有无漏油、漏水、漏气、漏电等现象。添加燃油、机油及制动液，对全车各润滑点进行检查，并按需要加注润滑脂。

3）检查冷却系统。

4）检查各传送带的松紧度和储气量。

5）检查蓄电池。

6）检查螺栓、螺母有无松动、脱落。

7）检查悬架总成。

8）检查轮胎气压、清除轮胎表面杂物。

9）机油滤清器：排污、清洗。

10）排故：排除行车中发生的所有故障，需小修的，应及时安排修理。

课堂问答

根据知识课堂的内容完成下列各项任务。

1）出车前需要检查哪些项目？

2）行车中需要检查哪些项目？

3）收车后需要检查哪些项目？

课堂互动

1. 小组评价（见表6-3，50分）

表6-3　小组评价表

考核项目	考核内容	评分标准	配分	扣分	得分
出车前检查	1. 汽车外表 2. 门窗玻璃、刮水器、室内镜、后视镜、门锁与升降开关或摇柄 3. 散热器的水量、蓄电池电解液液面高度、曲轴箱机油量、油箱燃油储量 4. 喇叭、灯光 5. 转向机构各连接部位 6. 转向器 7. 轮胎 8. 离合器、制动器 9. 轮胎螺母、半轴螺栓、钢板弹簧骑马螺栓和U形螺栓 10. 车辆有无漏水、漏油、漏气、漏电现象 11. 仪表	某项不符合要求不给分	20分		
行车中检查	途中作业内容： 1. 检查发动机和底盘 2. 检查离合器和制动装置 3. 检查转向机构 4. 检查各个仪表和灯光照明装置 停车作业内容： 1. 检查轮胎 2. 检查有无漏水、漏油、漏气、漏电现象 3. 检查车轮制动器、驻车制动 4. 检查转向机构、操纵机构	某项不符合要求不给分	15分		
收车后检查	1. 汽车外表 2. 全车检漏、补给 3. 冷却系统 4. 传送带、储气筒 5. 蓄电池 6. 各部连接装置 7. 悬架总成 8. 轮胎 9. 机油滤清器 10. 排故	某项不符合要求不给分	15分		

2. 教师总体评价（50分）

课 后 实 践

班级		姓名		日期	

　　任务描述：作为一个维修人员或者车主，我们要熟悉日常使用的维修工、量具。若你作为一个车主，将要对爱车进行日常维护，你将用哪些工、量具呢？

图片	名称	图片	名称	图片	名称

（续）

图片	名称	图片	名称	图片	名称

	检车项目	检查工具
出车前	1. _____ 2. _____ 3. _____ 4. _____ 5. _____ 6. _____ 7. _____ 8. _____ 9. _____ 10. _____ 11. _____	

（续）

	检车项目	检查工具
行车中	1. _____ 2. _____ 3. _____ 4. _____ 5. _____ 6. _____ 7. _____ 8. _____	
收车后	1. _____ 2. _____ 3. _____ 4. _____ 5. _____ 6. _____ 7. _____ 8. _____ 9. _____ 10. _____	

课 后 测 评

一、选择题

1. 预置式扭力扳手是否可以拆卸螺栓或螺母？（ 　　）

A. 完全可以　　　　　　B. 不能使用　　　　　　C. 没有明确规定

2. 外径千分尺的分度值为（ 　　）。

A. 0.01mm　　　　　　B. 0.02mm　　　　　　C. 0.05mm

3. 百分表的分度值为（ 　　）。

A. 0.01mm　　　　　　B. 0.02mm　　　　　　C. 0.05mm

二、填空题

1. 读出游标卡尺数据，读取值为_____。

2. 请读取下列外径千分尺数据，a 为_____、b 为_____。

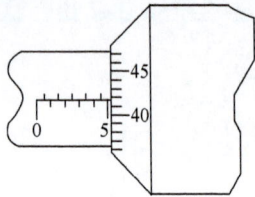

a)

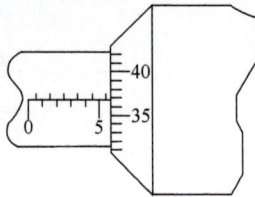

b)

参 考 文 献

[1] 汪永盛. 车险理赔查勘与定损 [M]. 北京：机械工业出版社，2014.

[2] 蔡兴旺. 汽车概论 [M]. 北京：机械工业出版社，2016.

[3] 李升全，李振湘. 汽车文化与概论 [M]. 北京：北京理工大学出版社，2016.

[4] 谭本忠. 汽车构造 [M]. 济南：山东科学技术出版社，2015.

[5] 谭本忠. 汽车空调原理与维修 [M]. 济南：山东科学技术出版社，2016.

[6] 吴晓斌，刘海峰. 新能源汽车概论 [M]. 北京：人民交通出版社股份有限公司，2017.

[7] 宁德发. 混合动力电动汽车结构·原理·检测·维修 [M]. 北京：化学工业出版社，2018.

[8] 崔胜民. 智能网联汽车新技术 [M]. 北京：化学工业出版社，2016.